A. W.

Compilado y editado por James L. Snyder

El poder de
Dios
para tu
Vida

Cómo el Espíritu Santo te transforma
por medio de la Palabra de Dios

EDITORIAL
PORTAVOZ

Propiedad de Johnny y Soravel Llanos

La misión de *Editorial Portavoz* consiste en proporcionar productos de calidad —con integridad y excelencia—, desde una perspectiva bíblica y confiable, que animen a las personas a conocer y servir a Jesucristo.

Título del original: *God's Power for Your Life* © 2013 por James L. Snyder y publicado por Regal, de Gospel Light, Ventura, California, U.S.A. Traducido con permiso.

Edición en castellano: *El poder de Dios para tu vida* © 2014 por Editorial Portavoz, filial de Kregel Publications, Grand Rapids, Michigan 49505. Todos los derechos reservados.

Traducción: Daniel Menezo

Ninguna parte de esta publicación podrá ser reproducida, almacenada en un sistema de recuperación de datos, o transmitida en cualquier forma o por cualquier medio, sea electrónico, mecánico, fotocopia, grabación o cualquier otro, sin el permiso escrito previo de los editores, con la excepción de citas breves o reseñas.

A menos que se indique lo contrario, todas las citas bíblicas han sido tomadas de la versión Reina-Valera © 1960 Sociedades Bíblicas en América Latina; © renovado 1988 Sociedades Bíblicas Unidas. Utilizado con permiso. Reina-Valera 1960™ es una marca registrada de la American Bible Society, y puede ser usada solamente bajo licencia.

EDITORIAL PORTAVOZ
2450 Oak Industrial Drive NE
Grand Rapids, Michigan 49505 USA
Visítenos en: www.portavoz.com

ISBN 978-0-8254-1964-5 (rústica)
ISBN 978-0-8254-0534-1 (Kindle)
ISBN 978-0-8254-7987-8 (epub)

2 3 4 5 / 18

Impreso en los Estados Unidos de América
Printed in the United States of America

~∂ CONTENIDO ∂~

¿PODEMOS CONFIAR EN LA BIBLIA?

Uno de los temas importantes que debaten los cristianos modernos es el del poder. No es un asunto nuevo. Se han publicado muchos libros sobre el tema del poder espiritual, e incluso algunos son bastante útiles. Al Dr. Tozer le preocupaba mucho este tema; concretamente, le inquietaba la impotencia evidente del cristiano de a pie, a pesar de que hubiera tantos libros sobre el poder espiritual.

En el meollo del asunto encontramos una pregunta sencilla: *¿Podemos confiar en la Biblia?* Hoy día se dicen y se escriben tantas cosas sobre las Escrituras que algunos están confusos sobre la importancia de la Biblia.

A lo largo de este libro, el Dr. Tozer establece la sencilla verdad de que la Biblia nunca fue destinada a sustituir a Dios, sino a llevarnos de una forma radical y directa a su presencia. La Biblia no es un manual que nos dice lo que debemos creer, ni un texto religioso que nos dice cuál es la manera correcta de adorar. Sin duda que tales cosas figuran en las Escrituras, pero no son el propósito primario de la Palabra de Dios.

El Dr. Tozer nos anima a "ponernos de rodillas con la Biblia abierta y permanecer en la presencia de Dios". ¿Cuántos de nosotros sabemos realmente qué significa ir ante la presencia de Dios y permanecer allí? El propósito de este libro es animar a los creyentes a buscar a Dios como Él desea que le busquemos.

En este mundo nada es permanente salvo la Palabra de Dios. Cuando leemos en la Palabra de Dios "así dice el Señor", sabemos todo lo que necesitamos. Sabemos lo que precisamos saber para deleitarnos en el santuario del poder divino.

Buena parte de los comentarios modernos sobre el poder tiene que ver con fomentar los proyectos individuales de alguien. Hay incluso algunos predicadores que pretenden demostrar lo increíble que es su poder y llamar la atención sobre lo espirituales que son. Muchos hablan de los milagros que han hecho. Ahora bien, cualquiera que lea la Biblia cree en la autenticidad de los milagros; esta no es la cuestión. La cuestión tiene que ver con los propósitos con los que se ejerce el poder.

El poder asociado con la Palabra de Dios y el Espíritu Santo es el poder que nos lleva a la presencia manifiesta de Dios. En este libro encontrará esta frase una y otra vez. Es una expresión que resulta desconocida para la mayoría de cristianos, pero lo cierto es que debemos acudir a la presencia de Dios. Dios no es un Dios ausente; no es "Alguien que está allá arriba y a quien le gusto". El gran deleite de nuestro Padre celestial es tener comunión con los redimidos.

El propósito de nuestra redención fue devolvernos a la comunión dulce y maravillosa con el Padre. La salvación no consiste solo en ir al cielo. Sin duda que ese es nuestro destino, pero nuestra salvación nos ha permitido tener una relación con Dios que es íntima y personal en el momento presente. ¿Cuántos creyentes han experimentado de verdad la presencia de Dios? ¿Cuántos han sentido su aliento sobre ellos cuando se le acercan con temor reverente?

Conocer a Dios de esta manera es la gran bendición del creyente.

En nuestra generación hay muchas personas atrapadas en la política y en las inquietudes sociales. Esto no es malo, pero hay algo mucho mejor: nuestra comunión con Dios. Todo lo que hagamos debe fluir de quiénes somos. Somos cristianos, lo cual quiere decir que mantenemos una relación impresionante con el Dios de la Creación.

El poder de Dios, cuando el Espíritu Santo actúa por medio de la Palabra escrita, nos introduce aún más en la presencia divina. Ahí es donde precisamos ir. No podemos llegar a ese lugar, tal como nos dice el Dr. Tozer en este libro, por medio de la educación o de cualquier otro tipo de manipulación externa. Lo que nos permite experimentar a Dios de esta manera es el poder transformador del Espíritu Santo por medio de la Palabra de Dios. No deberíamos contentarnos con nada menos.

Lamentablemente, muchos de nosotros nos hemos apartado del camino debido a nuestra cultura. Hay tantas cosas que compiten por ocupar nuestra atención que no logramos pasar con Dios un tiempo esencial. Este libro puede ser el recorrido hacia (o la vuelta a) la profunda comunión con Él. Como creo que este libro es importante, me gustaría ofrecerte algunas pautas sencillas para leerlo.

A menudo, cuando tengo entre las manos un libro nuevo, no puedo dejarlo hasta que he acabado la última página. En este sentido soy un tanto obsesivo. Sin embargo, no creo que esta sea la mejor manera de abordar este libro. Sigue adelante y léelo de una sentada si debes hacerlo (para expulsarlo de tu sistema), pero permíteme darte unas recomendaciones para sacarle todo el jugo a este libro en una segunda lectura.

La primera sugerencia que quiero hacerte es que leas solamente un capítulo por día, lo cual te permitirá concentrarte en una pequeña porción a la vez. La lectura rápida puede estar bien para algunos libros, pero uno como este hay que abordarlo de una manera diferente.

Al Dr. Tozer le encantaba citar a Francis Bacon: "Algunos libros hay que probarlos, otros hay que devorarlos, y unos pocos hay que masticarlos y digerirlos". Creo sinceramente que este libro encaja en esta última categoría. Tómate tu tiempo para masticar lentamente y digerir la verdad que contiene.

Empieza su lectura de cada capítulo con la oración introductoria. Lee lentamente la oración y luego dedica un tiempo a meditar en ella hasta que se convierta en tu oración. Hacerlo creará un determinado nivel de expectativa para el material que tienes entre manos.

Digiere la verdad del capítulo. Personalmente, me gusta leer con un bolígrafo en la mano para poder señalar determinadas palabras y frases que me saltan a la vista. Supongo que en este sentido soy anticuado. Si lees este libro en formato electrónico, quizá quieras encontrar una manera de anotar las ideas clave. Leer lentamente un pasaje y concentrarse en las palabras y en las frases que en ese momento nos hablan al corazón tiene sus ventajas. No sugiero que dejes tu cerebro a un lado, sino que te detengas el tiempo suficiente para que la verdad penetre en tu corazón.

La última tarea que debes hacer es meditar amorosamente en el himno incluido al final de cada capítulo. El himno elegido expone sucintamente la verdad contenida en el capítulo. Un himno tiene algo que lo diferencia de cualquier otra forma de expresión. Nos hemos alejado de la sabiduría vertida en ellos, pero a medida que avances por estas páginas, te ruego que prestes atención a los himnos.

No sugiero de ninguna manera que este libro sea equiparable a las Sagradas Escrituras. Eso sería una blasfemia. Lo que sugiero es que en las palabras del Dr. Tozer hay una verdad que puede alterar dinámicamente el modo en que vive una persona. Este libro pondrá en manos del lector sincero el poder para vivir la vida cristiana de una manera agradable a Dios.

Espero que este libro abra caminos deleitosos en tu búsqueda cotidiana de Dios.

Reverendo James L. Snyder

EL PODER DE DIOS PARA TU VIDA

· · · · · · · · · · · · · ·

PRIMERA PARTE

LA IMPORTANCIA DEL PODER DE DIOS

En mi corazón he guardado tus dichos,
para no pecar contra ti.
SALMOS 119:11

1

DIOS OFRECE ALGO ÚNICO: LA BIBLIA

Padre, te ruego que bendigas este proyecto de contar lo grande que eres y lo grande y hermosa que es tu Palabra, qué atractiva y qué terrible es. Oh, Señor, ningún hombre puede hacer esto, pero lo intentamos. Toma nuestros pececillos y nuestro pan, pártelo y distribúyelo, Señor, porque no somos más que unos niños que te entregan una cestilla de mimbre con un poco de comida: no basta para todos. Oh, Señor, parte esos alimentos y multiplícalos. Amén.

Algunas autoridades de nuestro mundo son falsas, carentes de fundamento, y hacemos bien al rechazarlas. Con gran satisfacción deseo señalar a la única autoridad religiosa: la autoridad suprema que ostenta Dios. Dios todopoderoso ejerce esa autoridad suprema por medio de su Palabra y de su Hijo. Esto constituye el punto focal de este libro.

Tanto el Antiguo como el Nuevo Testamento afirman solemnemente esto, que es la creencia unánime de judíos y de cristianos.

Dios posee esa autoridad suprema por diversos motivos, uno de los cuales es su eternidad. Sabemos que Dios existió antes que cualquier otra autoridad. No digo que no haya otras autoridades; sé muy bien que las hay. Sin embargo, Dios existió antes que ellas. Los señores, los reyes, los emperadores y los potentados tienen determinada autoridad, pero esta llegó tarde; es un préstamo que Dios les hace, y por consiguiente es transitoria. Lo que es temporal nunca puede ser definitivo ni supremo.

Otro tipo de autoridad es la que Dios ha delegado: los profetas, apóstoles, papas, obispos y eruditos religiosos. Si estos ungidos fueron administradores buenos y sabios del poder que se les había confiado, poseyeron una autoridad prestada; pero si fueron malos, la usurparon. Es totalmente posible usar mal esta autoridad delegada, y a través de los siglos muchos lo han hecho. Los obispos dicen "No hagan esto y lo otro", y quienes se someten a su autoridad no osan hacerlo. En la misma línea actúan los papas, los apóstoles y los profetas. Repito: que si fueron buenos, tomaron su autoridad prestada de Dios; pero si fueron malos, se la usurparon. De cualquiera de las dos maneras provenía de Dios, y todos tuvieron que devolverla cuando murieron. Como mucho, su autoridad prestada fue transitoria.

Frente a la autoridad transitoria, relativa y tentativa de los profetas, apóstoles y reyes, papas y emperadores, obispos y presidentes, y todos los demás, se yerguen estas palabras impresionantes: "Y: Tú, oh Señor, en el principio fundaste la tierra, y los cielos son obra de tus manos" (He. 1:10). Antes de que existiera el mundo, Dios era; y cuando el mundo al final se deshaga, Dios seguirá siendo la autoridad suprema. Si tengo que demostrar esto es que carecemos de todo fundamento para nuestra fe, "porque es necesario que el que se acerca a Dios crea que le hay, y que es galardonador de los que le buscan" (He. 11:6).

La dinámica de la autoridad suprema de Dios descansa sobre sus atributos. Dios puede compartir con su pueblo algunos de sus atributos: por ejemplo, amor, misericordia, compasión, piedad, santidad y justicia. Sin embargo, hay otros que son tan divinos que Dios no los puede compartir: autoexistencia, soberanía y omnisciencia, entre otros. Estos atributos declaran que Dios tiene toda la autoridad que existe. Sería maravilloso que nosotros, los cristianos, recordásemos esto.

La palabra autoritativa de Dios

¿Cómo ejerce Dios su autoridad? La respuesta constituirá el fundamento de nuestra experiencia cristiana. Dios ejerce su autoridad por medio de su Palabra. Dios habla al hombre y da a conocer su voluntad a través de ese medio.

Ese libro recibe, entre otros, estos nombres: el libro de Dios, el libro del Señor, la buena Palabra de Dios, las Sagradas Escrituras, la Ley del Señor, la Palabra de Cristo, los Oráculos de Dios, la Palabra de vida y la Palabra de verdad. Todos ellos son descripciones de aquella Palabra por medio de la cual Dios manifiesta su autoridad: se nos dice que esa Palabra está inspirada por Dios, es indestructible y eterna.

Esta Palabra es algo único que nos da Dios. Este libro del Señor, la Palabra expresada por Él, difiere y trasciende todas las demás; es tajante, autoritativa, asombrosa y eterna. Por medio de esta Palabra Dios ejerce su autoridad suprema, que tiene su origen en sí mismo, pues nunca derivó su autoridad de los hombres. El Señor nunca se arrodilló para que alguien le tocase en los hombros con una espada y le dijera: "Álzate, Señor soberano". Nadie puede conferir la soberanía al Dios soberano. Toda soberanía temporal que posea un ser humano se la ha concedido Dios.

La naturaleza de Dios le induce a revelarse; por consiguiente, se expresa. Lo que nos dice nace en la mente de un Creador infinito, penetrando luego en la mente de una criatura finita. Algunas personas tienen una capacidad intelectual tan grande que esto les molesta. A mí no me preocupa en absoluto. No creo que exista un puente infranqueable cuando el Creador infinito decide que manifestará su Palabra autoritativa al hombre finito. Creo que puede hacerlo, y que en esa Palabra manifiesta descansa su autoridad soberana, que tiene el poder de la vida y de la muerte.

No creo que esta afirmación sea excesiva. Ciertamente, las

Escrituras declaran que el evangelio es la palabra de vida. Llegará un día en que todas las cosas se pondrán en su lugar, cada "i" recibirá su punto, y no dejará de cumplirse ni una jota ni una tilde de la poderosa Palabra de Dios. El Señor nunca pronuncia palabras frívolas ni nada que no esté acorde con su carácter y su naturaleza.

El libro de Sabiduría de Salomón teatraliza el modo en que la Palabra de Dios vino a los hombres, diciendo: "Tu Palabra omnipotente de los cielos, de tu trono real, cual invencible guerrero, se lanzó en medio de la tierra destinada a la ruina" (18:15). La Palabra emana del trono real, ese trono que nunca fue construido porque siempre estuvo allí. Es el trono en el que se sienta el Dios poderoso, todopoderoso.

Por este motivo, no me gusta ver a las personas juguetear con su Biblia. Esta Palabra poderosa descendió del trono del rey, y debo tener cuidado porque es algo único. Es la voluntad de Dios que se me ha revelado. Es Dios mismo quien manifiesta su autoridad soberana por medio de las palabras impresas que puedo leer en una página. Sin embargo, se nos dice que estas palabras son vivas, dinámicas y creativas. Cuando Dios habló, fue. Cuando lo ordenó, sucedió. La creación existió por medio de su Palabra. Por este motivo, nunca debemos pensar que Dios se puso de rodillas y modeló un trozo de arcilla como si fuese un alfarero. Es una imagen hermosa, pero la realidad es que Dios habló y todas las cosas fueron hechas.

En los primeros capítulos de Génesis, Dios dijo "hágase la luz", y hubo luz. Dios dijo "que la tierra dé sus frutos", y sucedió. Pasó todo lo que Dios dijo. Además, Dios dice que llegará un día en que veremos cómo se cumple cada una de las palabras que Él ha pronunciado. Llegará un día en que Jesucristo llamará a todas las naciones delante de Él, y lo hará por medio de la Palabra que ha pronunciado.

La Palabra de Dios es nuestro terror y nuestra esperanza; da la muerte y también la vida. Si nos relacionamos con ella con fe, humildad y obediencia, nos da vida, nos limpia, nos sustenta y nos defiende. Si la cerramos como incrédulos, ignoramos lo que contiene o la rechazamos, nos acusará delante del Dios que nos la dio. Es la Palabra viva de Dios, que desciende como un guerrero poderoso y temible, y ni tú ni yo debemos atrevernos a resistirla ni a argumentar en su contra.

Conozco personas que creen una parte de la Biblia, pero no creen otras. Dicen que los pasajes que les inspiran son inspirados; y si no les inspiran, no son más que historia y tradiciones. Por lo que a mí respecta, creo que lo que Dios nos ha dado es único, la Palabra manifiesta del Dios vivo, y que cuando asimilamos su significado y sabemos qué es lo que Dios nos da, tiene el poder de matar a quienes se resisten a ella y el poder de vivificar a los que creen.

"¿Quién ha creído a nuestro anuncio? ¿Y sobre quién se ha manifestado el brazo de Jehová?" (Is. 53:1). La incredulidad paraliza los brazos de los hombres; sin embargo, el brazo del Señor no solamente no se paraliza, sino que obra la salvación de los hombres. En la Palabra de Dios hay poder, y cuando creo en ella y participó de ella y ella de mí, sucede algo: el Dios eterno realiza una obra eterna en el corazón de un hombre finito.

Una advertencia y una invitación

La Palabra autoritativa de Dios nos da tanto una advertencia como una invitación. Consulta con tu Biblia y escucha cómo Dios nos dice: "el alma que pecare, esa morirá" (Ez. 18:20). Y también: "el que no naciere de nuevo, no puede ver el reino de Dios" (Jn. 3:3). Y: "antes si no os arrepentís, todos pereceréis igualmente" (Lc. 13:5); "No todo el que me dice: Señor, Señor, entrará en el reino de los cielos, sino el que hace la voluntad de mi Padre que está en los cielos" (Mt. 7:21). "Y a los que hacen iniquidad... los echarán en el horno de fuego; allí será el lloro y el crujir de dientes" (Mt. 13:41-42). "Porque sabéis esto, que ningún fornicario, o inmundo, o avaro, que es idólatra, tiene herencia en el reino de Cristo y de Dios" (Ef. 5:5).

Estas son palabras terribles de Dios. Con esta afirmación autoritaria manifiesta algo único. Nadie se atreve a tocar esto, nadie se atreve a ponerse en pie y decir: "Vamos a explicarlo a la luz de lo que enseñó Platón". Yo he leído a Platón, pero me da lo mismo lo que diga.

Cuando Dios dice "el alma que pecare, esa morirá" (Ez. 18:20), que Platón se arrodille delante de la autoritativa Palabra de Dios, este objeto único y temible. Dios ha enunciado su autoridad por medio de su Palabra; que no se levante ningún papa y explique la Biblia a la luz de lo que dijo el padre Fulano o Mengano. Que todo el mundo guarde silencio mientras habla el Dios todopoderoso. "Oíd, cielos, y escucha tú, tierra; porque habla Jehová" (Is. 1:2).

La Palabra expresada es también un mensaje de invitación. ¡Ah, la hermosa invitación de la Palabra de Dios! No es fruto de la reunión de un grupo de personas religiosas, que han celebrado un cónclave y han decidido lo que van a decir. No, no, no. Fue el Dios todopoderoso el que lo dijo. Lo afirmó desde los cielos; descendió como un hombre fuerte en mitad de la noche y llenó la Tierra con el fragor de su voz.

Esta Palabra dice: "vuélvase a Jehová, el cual tendrá de él misericordia" (Is. 55:7), y "venid a mí todos los que estáis trabajados y cargados, y yo os haré descansar" (Mt. 11:28); y también: "si confesares con tu boca que Jesús es el Señor, y creyeres en tu corazón que Dios le levantó de los muertos, serás salvo" (Ro. 10:9). También dice: "por gracia sois salvos por medio de la fe; y esto no de vosotros, pues es don de Dios; no por obras, para que nadie se gloríe" (Ef. 2:8-9).

Esta Palabra declara que "si confesamos nuestros pecados,

él es fiel y justo para perdonar nuestros pecados, y limpiarnos de toda maldad" (1 Jn. 1:9). Es la única voz autoritativa que no necesita mejoras, interrupciones ni explicaciones; solo debe ser liberada y creída.

Cuando le pidieron que diera una serie de diez conferencias en defensa de la Biblia, C. H. Spurgeon respondió por telégrafo: "No iré, la Biblia no necesita defensa. Liberadla y se defenderá como un león". Yo también creo que no necesitamos que nadie defienda la Palabra de Dios; solo tenemos que practicarla.

En Lucas 16 encontramos un pasaje tremendo sobre un hombre rico que murió. Estando en el infierno, alzó la vista y vio a Abraham y al mendigo Lázaro en su seno. El rico que había vivido suntuosamente ahora ya no vivía así en el infierno, y rogaba una gota de agua para refrescar su lengua. No la recibió, pero se convirtió en evangelista al decir: "Te ruego, pues, padre, que le envíes a la casa de mi padre, porque tengo cinco hermanos, para que les testifique, a fin de que no vengan ellos también a este lugar de tormento".

Abraham le dijo: "A Moisés y a los profetas tienen; óiganlos".

El rico volvió a suplicar: "No, padre Abraham; pero si alguno fuere a ellos de entre los muertos, se arrepentirán".

Abraham respondió: "Si no oyen a Moisés y a los profetas, tampoco se persuadirán aunque alguno se levantare de los muertos" (ver Lc. 16:19-31).

Dios ha creado nuestro futuro, nuestro destino, nuestra fe, nuestra esperanza y nuestra tristeza; lo ha hecho para el mundo entero y por todos los incontables siglos venideros. Dios lo ha hecho todo vinculándolo con su Libro. Esta Palabra de Dios, a discreción del Espíritu Santo, es el poder en la vida del creyente y no hay que discutirla.

Dios habla con autoridad y nadie tiene ningún derecho a decir "Eso no me lo creo". Muy bien, sigue tu camino, pero la Palabra del Dios vivo sigue resonando en este mundo, destruyendo lo que no redime. En aquel día terrible en que Dios sacudirá todo lo que se pueda conmocionar, esta Palabra viva, vibrante, temible, todopoderosa y eterna destruirá todo lo que no sea redimido. Yo, por mi parte, quiero estar en el bando de los redimidos. Muchas veces me arrodillo leyendo el capítulo 54 de Isaías, y dejo que ese mensaje único de Dios me hable al corazón. Dejo que esa Palabra terrible me hable, y la escucho hacerlo con una voz que penetra hasta lo más profundo de mi ser.

¿Quieres saber cuándo pueden apartar el amor de Dios de las personas que le buscan? ¿Quieres saber cuándo pueden cancelar el pacto de la gracia salvadora de Dios para el hombre que confía en Él? Ese momento nunca llegará, aunque los montes se trasladen y deje de existir el mar (ver Is. 54:10). Dios ha dicho que nunca apartará esa misericordia, porque la misericordia de Dios es eterna y permanece fiel para siempre. Estas son las palabras de Dios, el medio por el que el Espíritu Santo nos lleva a someternos por completo a la santidad de un Dios santo.

La roca firme
Edward Mote (1797-1874)

Mi fe está puesta en Jesús,
solo en su sangre y su virtud.
En nadie más me confiaré,
y solo de Él dependeré.

Cuando no pueda ver su faz,
sé que su gracia es siempre igual.
Aún cuando viene tempestad,
Él es mi ancla y firme está.

En sus promesas me fiaré,
aún cuando el viento fuerte esté.
Si todo cae alrededor,
Él es mi fiel sustentador.

Un día Él regresará.
Entonces quiero puro estar,
sin mancha ante mi Jesús,
lavado en sangre de su cruz.
Sobre la Roca firme estoy,
y solo en Cristo fuerte soy;
y solo en Cristo fuerte soy.

© 1981 Maranatha! Music / Alejandro Alonso / ASCAP

2

El desafío a la autoridad divina

*Te he buscado, oh, Señor, y me he visto confundido por las falsas
autoridades que han usurpado la que te corresponde. Te ruego
que mi corazón se afiance en tu Palabra, oh, Dios, hasta tal punto
que tu verdad sea preciosa para mí. En el nombre de Jesús, amén.*

Una vez que hemos establecido el hecho de la autoridad de Dios,
hemos de prepararnos para que el enemigo desafíe insidiosamente esa autoridad. Esto me lleva a una consideración relevante,
que es: *¿Qué autoridad tiene la religión, y dónde radica?* La religión
constituye una parte integral de toda experiencia humana; quienes niegan la religión lo hacen religiosamente, pero en realidad
nadie puede eludir el largo brazo de la religión.

De modo que vuelvo a preguntar: *¿Dónde radica la autoridad
de la religión?* Sin duda tiene gran poder sobre la vida humana.
¿Existe en alguna parte una autoridad suprema última en la
que podamos confiar implícitamente, una autoridad en la que
podamos refugiarnos con total seguridad, y a la que, al mismo,
tiempo estemos obligados a obedecer?

Descubrir la fuente auténtica de la autoridad en la religión
será crucial para mi forma de vivir la vida. Cada vez son más
las personas que viven sus vidas como si no existiera la autoridad religiosa. Si tienen razón, en realidad nada cambia. Sin
embargo, si se equivocan (y yo te aseguro que es así), la consecuencia es terrible.

Porque si existe esa autoridad, y nos pasamos toda una vida sin someternos a ella (pasándola por alto, desconociéndola o haciendo alarde de ella), seremos los más desgraciados de los hombres. Cuando al final, después de toda una vida de rebelión contra esta autoridad, nos veamos forzados a darle cuentas, nos encontraremos sumidos en una catástrofe de proporciones inconmensurables.

Siempre se puede decir qué tipo de persona es un hombre al ver lo que piensa de la religión. Por ejemplo, si su idea de la religión es algo a lo que recurre cuando le resulta conveniente, eso me dice algo sobre ese hombre. Si, por otro lado, la religión de un hombre es el centro de su vida y todo lo demás dimana de esa dirección, esto me dice algo diferente sobre ese hombre. El modo en que enfoque su religión se refleja en su manera de vivir su vida.

Muchas personas viven como si la religión fuera algo secundario, y en esta afirmación incluyo a muchos cristianos. Numerosos cristianos (o, al menos, muchos de quienes se denominan cristianos) llevan su cristianismo como un complemento de sus vidas. Se niegan a que les moleste ningún aspecto del cristianismo.

Formúlate estas preguntas: *¿Cómo ha interferido mi cristianismo en mi vida esta semana pasada? ¿Ocupa mi cristianismo un lugar prioritario en mi vida? ¿O es solamente una cuestión de conveniencia?*

¿Qué constituye la "autoridad de la religión"?

Cuando digo que cualquier autoridad final debe responder verazmente a varias preguntas, empleo la definición más amplia de lo que es religión.

Primero, debe responder a la pregunta: *¿Dónde se encuentra la verdad?* Si no puede hacerlo, he de seguir buscando otra fuente de autoridad.

Además, debe dar respuesta a la pregunta: *¿Qué he de creer?*

Debe ofrecer un sistema que incluya lo mínimo en lo que es totalmente esencial creer.

¿Qué debo hacer para ser salvo? Esta es una pregunta crucial. Cualquier autoridad en religión que no responda a esta pregunta debe ser abandonada lo antes posible. Si no pueden decirme cómo ser salvo y entrar en una relación correcta con Dios, es una religión falsa.

Luego tenemos la cuestión del pecado, con la que en realidad nadie quiere tratar de forma absoluta. El modo en que definimos el pecado dice mucho sobre nuestra comprensión de la Palabra de Dios y nuestra entrega a ella. *¿Cómo gestionar mis pecados?* Si mi religión ignora mi pecado o convierte sus efectos en un tema marginal, debo tener mucho cuidado. ¿Qué es el pecado sino rebelión contra Dios? Si mi religión no define el pecado de esta manera, debo replanteármela.

¿Y qué hay de mi alma? ¿Qué autoridad tiene mi religión para responder a la cuestión de mi alma? En mi vida no hay nada más importante que mi alma. ¿Qué es mi alma? ¿Cómo la afecta mi religión?

Las preguntas continúan: *¿Qué pasa con la muerte? ¿Y con el juicio tras la muerte? ¿Y qué hay del cielo? ¿Y del infierno?*

Uno de los propósitos primarios de la religión es responder a este tipo de preguntas. Además de limitarse a responderlas, la verdadera religión tiene autoridad para hacer lo necesario a la luz de cada pregunta.

Ahora podríamos formular muchas otras preguntas, pero todas se reducen a esta: *¿De dónde obtiene su autoridad? ¿Tiene pruebas de ella?*

La mayoría de religiones sabe muy bien cómo soslayar preguntas como estas. Tienen la capacidad de distraerme de la pregunta real, y de plantear algunas secundarias que me encaminan en una dirección distinta. Pero la autoridad debe tener una fuente, y debe existir una evidencia sólida y una prueba de esa fuente. De no ser así, es una autoridad falsa.

Las autoridades falsas

¿Cuáles son algunas de las áreas de la autoridad falsa? Hay que revelar estas autoridades como lo que son, y luego abordarlas de acuerdo con la bendita Palabra de Dios.

Encontramos al menos cinco autoridades falsas que se han infiltrado en la religión actual, y podría añadir que también en el mundo cristiano.

① La primera de ellas es la tradición. Alguien dijo en cierta ocasión que la tradición es algo que uno hace más de una vez. Hoy en día el panorama de la religión está repleto de tradiciones. Parece que toda religión (e incluso cada generación) tiene su propia lista de tradiciones que hay que seguir. A menudo las personas que las cumplen no tienen ni idea de por qué lo hacen.

Una tradición tiene una historia que no puede respaldarse con hechos. Es crucial entender esto. Las creencias y las prácticas se basan en esta tradición. No hay ningún otro motivo para hacer algo, solamente que en el pasado se hizo de esta manera.

Entonces llegamos a esta pregunta: *¿Con qué tradición nos identificamos? ¿La romana? ¿La griega? ¿La judía?* Estas tradiciones son bastante distintas unas de otras en muchos sentidos.

De donde sacamos toda esta tradición es, sencillamente, del vertedero (la buhardilla) de la religión. Una generación tras otra basará sus creencias y sus prácticas en reliquias, sin conocer ninguna de las razones tras su práctica o su credo.

 Otra autoridad falsa que ha invadido la iglesia, en especial la evangélica, es la autoridad de los números. Lo que importa es el tamaño de la organización. Cuanto más grande sea, más autoridad y poder tiene. Yo jamás he fundamentado la importancia o la validez de una organización en el número de personas que comprende.

Un simple repaso de la historia demuestra que las masas nunca han tenido la razón. Fijémonos en Noé y los hombres de su tiempo. Pensemos en Sodoma y Gomorra. A lo largo del Antiguo Testamento vemos la capacidad de toma de decisiones que tenía la nación de Israel. Las masas querían que Saúl fuera su rey. Todos sabemos lo que sucedió.

Esta generación de cristianos precisa entender que las cifras no hacen que nada sea cierto. Tú puedes conseguir que un gran número de personas crea algo, pero si era un error antes de que lo creyesen, sigue siéndolo después de que se hayan convencido.

Digamos que un hombre piensa que 2 y 2 son 7. El hecho de que lo crea no significa que sea cierto. Da lo mismo si 100 hombres lo creen; sigue siendo falso. Incluso si un millón de personas creen enfáticamente que 2 y 2 son 7, seguirá siendo mentira.

Una cosa que les cuesta creer a los cristianos modernos es que la Iglesia no está dirigida por principios democráticos. Tenemos un libro de texto, que es la Biblia. A lo largo de los siglos, la Iglesia se ha visto perjudicada al aferrarse a creencias y a prácticas que son contrarias a las Escrituras. Si un número suficiente de personas cree que algo es cierto, se vota y se acepta como tal. Este es el fundamento de la herejía dentro de los límites de la Iglesia de Jesucristo.

Una tercera autoridad falsa es la naturaleza, o déjame que la llame el instinto natural. Esta ha ido ganando terreno hace poco; es el error del humanista y del trascendentalista. Dicho en pocas palabras, dice: "Confía en tu luz interior". Este instinto nativo se ha vuelto bastante popular entre algunos maestros contemporáneos, y ha hecho incursiones en la iglesia evangélica.

Ya es bastante malo que decidamos por voto lo que creemos y lo que no creemos. Pero luego añadimos a esto la siguiente filosofía sobre la Biblia: "La parte de la Biblia que está inspirada es la que me inspira".

"¡Ah, sí!", nos dicen estos maestros, "la Biblia es inspirada, pero solo los pasajes que me inspiran. El resto de la Biblia lo podemos pasar por alto". Si encontramos en las Escrituras algo que contradice nuestras inclinaciones naturales, podemos descartarlo afirmando que esa parte de las Escrituras no está inspirada, y por consiguiente no tengo que hacerle caso.

Una cuarta fuente de autoridad falsa procede de la razón o de la filosofía. En este caso nos quedamos atrapados en pantanales filosóficos. Si nuestra autoridad debe dimanar de la razón o de la filosofía, la pregunta lógica es: *¿De cuál? ¿El espiritismo? ¿El naturalismo? ¿El idealismo? ¿El realismo? ¿El materialismo? ¿El intuicionismo? ¿El ateísmo? ¿El humanismo?*

Si tomas todos estos paradigmas y los barajas, tendrás una buena combinación entre manos. Estoy convencido de que en cada uno de ellos hay algo admirable y positivo. Sin embargo, lo que me preocupa de la filosofía no es lo bueno sino lo malo. No es el agua la que mata, sino el veneno que contiene.

Desde muy joven he leído filosofía, psicología y muchas cosas relacionadas con ellas. Cuando las examinamos, una cosa es tan buena como la otra o, podríamos decir, tan mala como la otra. Lo que tienen todas estas cosas en común es que son autoridades falsas.

La religión como autoridad falsa

La última autoridad falsa que deseo mencionar en estas páginas es la propia religión. Puede parecer un tanto extraño, pero la religión se ha convertido en una falsa autoridad prácticamente desde el comienzo. Quizá podríamos remontarnos incluso a la torre de Babel, pero esto es una mera especulación por mi parte.

Si la religión no debe ser nuestra autoridad, pregunto de nuevo: *¿Cuál debe serlo?*

¿Será oriental, occidental, monoteísta o politeísta? Cuando hablamos de la religión, ¿cuál es la autoridad correcta? Cada una de estas religiones contradice a las otras, y donde hay contradicción no puede haber autoridad. Si una de estas religiones es la correcta, ¿cuál es?

Este ha sido el dilema con el paso de los años. Por naturaleza, el hombre es religioso y desea organizar su religión. A lo largo de los siglos han surgido numerosas religiones en diversos lugares del mundo que han organizado a las personas.

¿Cómo nacen y crecen estas organizaciones religiosas? Es bastante evidente que la mayoría de estas religiones, por no decir todas ellas, ha experimentado un crecimiento y un desarrollo considerables. Crecen en el periodo histórico en el que están y en el número de acólitos que tienen. No es infrecuente que muchas de ellas compitan con otras. Para algunas es normal arrebatar las ovejas de otra religión, por así decirlo. No es un hurto difícil, dado que muchas personas basan su elección de una religión en quién ofrece más y, normalmente, lo que ofrecen es diversión, entretenimiento y valores de esa naturaleza.

Todas las religiones empiezan siendo un reducido grupo de personas y, las que resisten, crecen y aumentan en número siglo tras siglo. Quienes conocieron la religión en sus inicios, ya hace mucho tiempo que murieron. Las generaciones siguientes nunca conocieron un momento en que una organización religiosa no estuviera bien asentada, de modo que manifiestan hacia ella una actitud respetuosa, reverente. Esto es lo que confiere a la religión su autoridad.

Esta conserva su poder y aumenta su capacidad de obtener reverencia por diversos medios.

Una de las vías es la costumbre. Nadie se atreve a cuestionar la autoridad de esta religión, porque nunca han conocido un solo día en que estuviera desprovista de esa autoridad. La costumbre de su religión se ha convertido en algo que les dota de una sensación de seguridad.

La vestimenta especial, sobre todo para los líderes religiosos, es un factor muy importante que contribuye a la solemnidad de una religión. Si alguien se limitara a ver el vestido, sin saber nada de la religión ni de sus costumbres, se sentiría tentado a reírse. Buena parte de las prendas que llevan los líderes religiosos hace mucho tiempo que perdieron su significado. Lo que en otro tiempo fue la moda de una cultura es hoy una regresión cómica al pasado. Sin embargo, debido a su asociación con la autoridad percibida de la religión, esas prendas obsoletas inspiran un gran respeto entre los acólitos de esa religión.

Otra manera en la que la religión procura mantener su poder y aumentar la impresión que causa es por medio de los objetos de que se rodea, la pompa, los honores, las solemnidades, los derechos mágicos y una pretensión extrema de gravedad absoluta. Desde fuera parece algo impresionante y espectacular, pero por dentro está vacío y prácticamente carece de sentido.

La intimidación es un instrumento que usa a menudo la religión para mantener su poder sobre las personas. Permíteme ser franco: el propósito de la religión es controlar a las personas, y el modo más eficaz de hacerlo es por medio de la intimidación. Entre las armas más efectivas de la intimidación figuran la amenaza del purgatorio, la excomunión y demás. Nadie quiere ser excomulgado, es decir, apartado del resto de las personas.

La religión también preserva y aumenta su poder por medio de las presiones económicas. Quien controla el dinero controla a las masas. Una artimaña eficaz de la religión es usar la presión económica para intimidar y controlar a las personas. En la iglesia evangélica debemos tener cuidado de no caer en esta trampa.

Un aspecto que a menudo se pasa por alto es el movimiento

hacia una religión de una iglesia única. A estas alturas no estoy preparado para definir ese tipo de iglesia. La gente siempre encuentra problemas cuando intentan explicar lo que no saben ni siquiera ellos. No sé cuál será esa religión de una sola iglesia; solo sé que tal y como van las cosas, nos dirigimos hacia ese destino en un futuro no muy lejano. Lentamente pero sin cesar, la presión se centra en someter al mundo a la autoridad de una iglesia. Sin duda, esta sería la manera más eficaz de controlar a las personas: quien controle a la iglesia única controlará a todas las personas que pertenezcan a ella.

Desde un punto de vista puramente humanista, la religión de una sola iglesia parece resolver muchos problemas. Quienes pretenden atarnos con estas cadenas religiosas dicen hacerlo por amor a la eficiencia económica, un argumento que tiene su lógica.

También dicen que, como seguidores de Cristo, debemos amarnos unos a otros y unirnos en una hermandad. Por consiguiente, nos abrazan al tiempo que nos esclavizan. Nos presionan para que consolidemos nuestras creencias religiosas formando una religión cómoda y universal.

Creo que llega la hora en la que los cristianos evangélicos no podemos tomarnos nuestro cristianismo con tanto desenfado como hemos hecho hasta ahora. Llega el día en que tendremos que plantar cara y propugnar lo que realmente creemos.

No solo por el imperio poderoso
William Pierson Merrill (1867-1954)

No solo por el imperio poderoso,
que se extiende sobre tierra y mar,
no solo por las cosechas abundantes
alzamos nuestro rostro a ti.

Viviendo en el momento presente,
entre el recuerdo y la esperanza,
Señor, con gratitud profunda te
alabamos más por lo que no vemos.

No por buques de guerra ni fortalezas,
ni conquistas por la espada,
sino por las del espíritu te damos las gracias, oh, Señor;
por el don precioso de la libertad,
por el hogar, la iglesia, la escuela,
por la puerta abierta a la edad adulta en
un país regido por el pueblo.

Por las huestes de los fieles,
las almas que se fueron innominadas;
por la gloria que ilumina a los patriotas de fama eterna.
Por nuestros profetas y apóstoles,
leales a la Palabra viva,
por los héroes del espíritu te damos gracias, oh, Señor.

Dios de justicia, salva al pueblo del
conflicto entre raza y credo,
de la lucha entre clases y facciones
libera Tú a nuestra nación;
que guarde su fe en la simple humanidad,
como cuando nació,
¡hasta hallar su fruto pleno en
la hermandad de los hombres!

3

EL LUGAR CORRECTO DE LA PALABRA VIVA

Oh, Dios, el mundo está sumido en la confusión. Te doy las gracias, oh, Dios, porque no eres Tú el autor de esa confusión. Aunque el mundo parece envuelto en el caos, te doy las gracias porque nada ha escapado de tu mano. Detrás de todo ese caos, la confusión y los disturbios, Tú, el Dios eterno, eres mi refugio, y tus brazos eternos siempre están presentes. Me refugio en la verdad de que este es tu mundo. Descanso firmemente en tu soberanía. Amén.

Quizás, a lo largo de la historia del mundo, no haya habido otra generación que haya vivido unos momentos tan confusos. En nuestros días de viñetas cómicas y de televisión, cuando hace mucho tiempo que los seres humanos pusieron su mente a descansar y solamente se preocupan de vez en cuando (digamos que a la hora de pagar impuestos o cuando alguien enferma) resulta difícil comprender bien determinados conceptos esenciales de la Biblia. De hecho, a muchos cada vez les cuesta más pensar sobre cualquier tema durante un período de tiempo prolongado.

Aunque parece que las cosas están fuera de control, detrás del escenario hay un Dios que no ha renunciado a su autoridad. Por el momento, puede parecer que ha abandonado este lugar al que llamamos Tierra. Pero ten la seguridad de que Dios sigue con el control. Su soberanía nunca se ha visto amenazada, ni nadie ha podido oponerse a su voluntad. Todo aquello que la Biblia ha dicho que es cierto no puede dejar de serlo.

Dios no ha creado la basura; la única basura en nuestro universo es la que ha creado el hombre. Una cosa que se enseña claramente en las Escrituras es que todo lo que Dios hizo en su vasto universo lo hizo con un propósito divino. Ciertamente, vivimos en el mundo de nuestro Padre, aunque en el momento presente el polvo y la suciedad del pecado lo hayan convertido en un vertedero moral y físico.

Resulta difícil entender que Dios es el dueño de este mundo y del universo, porque la iglesia evangélica y fundamentalista lleva muchísimo tiempo predicando solamente el elemento escapista del cristianismo.

Antes de seguir adelante, debo afirmar rotundamente que yo creo en ese elemento escapista del cristianismo. Personalmente, escaparé de un infierno muy merecido gracias a la muerte de Cristo en la cruz y a su resurrección de entre los muertos. Creo que Cristo es un puente por encima de un abismo. Creo que es una lancha salvavidas en medio de un mar tormentoso y destructivo. Creo que es el gran médico que puede curar nuestras almas. Creo que es todo lo que los poetas, los compositores de himnos y las propias Escrituras dicen que es, y mucho más. Creo eso, pero si enfatizamos demasiado esta creencia, y especialmente si es lo único que defendemos, nunca entenderemos el verdadero significado de lo que nos dicen las Escrituras al afirmar que Dios hizo a su Hijo, Jesucristo, heredero de todas las cosas.

De forma parecida, quienes recurren al cristianismo solamente por su valor social y ético opacan la realidad de que Dios es el dueño de este mundo. El cristianismo tiene sus facetas sociales: cantar himnos juntos y quizá incluso ir a un picnic con la iglesia. Nos reunimos y nos relacionamos, charlamos y nos saludamos unos a otros... y, espero, hablamos del Señor.

El profeta Malaquías, del Antiguo Testamento, enfatizó este aspecto de la fe: "Entonces los que temían a Jehová hablaron cada uno a su compañero; y Jehová escuchó y oyó, y fue escrito libro de memoria delante de él para los que temen a Jehová, y para los que piensan en su nombre" (Mal. 3:16).

Sin duda, el Señor no menosprecia los aspectos social y ético del cristianismo. Ambos son tremendamente importantes, y aportan a nuestras interacciones humanas una forma o un estándar de justicia. Sin embargo, si todo el énfasis recae sobre el elemento ético del cristianismo (que debemos ser buenos, hacer el bien y lo correcto) y no vamos más lejos, nunca entenderemos el dominio prevaleciente de Dios en este mundo.

Un área de la Iglesia a la que yo denomino "la frontera del movimiento evangélico" (donde los hombres vividores del universo evangélico están tan activos, y donde tanto se hacen oír) nunca sabrá de qué estamos hablando en este capítulo. Para ellos el cristianismo se ha convertido en un sistema que les proporciona mucha diversión, agradable y limpia, y encima ir al cielo cuando llegue el fin. Me temo que lo que antes era la frontera se va acercando ya a la esencia del cristianismo moderno. Los líderes populares de nuestros tiempos son como "vendedores" con sonrisas amplias que relucen 32 dientes en toda su gloria. Se mueven como una exhalación por la iglesia, induciendo en la congregación un frenesí de buenos sentimientos.

Para entender el lugar que ocupa la Palabra viva en este mundo presente, debemos reflexionar mucho y en oración. Debemos decirnos: *Voy a pensar en esto; voy a ponerlo en oración hasta que lo entienda.* Hasta que hagamos eso, pasamos alegremente la vida en la frontera y no alcanzamos nunca la verdadera esencia de la experiencia cristiana.

Comprendamos los propósitos divinos

A menudo me gusta hacer dibujitos sin sentido, sobre todo cuando hablo por teléfono; es una actividad irreflexiva, carente de propósito. Voy a decirlo muy claro: Dios nunca hace garabatos.

Nada de lo que hace Dios se puede definir como una actividad sin propósito.

Cuando Dios decide hacer algo, ese acto lleva consigo las ramificaciones de la eternidad. Para entender plenamente la Palabra, debemos llegar a un entendimiento de ese Dios que está tras ella.

Dios nunca participa en nada que no tenga un propósito a largo plazo, noble y digno. Los cristianos de hoy no comprenden bien este concepto. Al cristiano medio, que solo se ha comprometido a juguetear con su cristianismo, le resulta difícil comprender el propósito sólido de Dios en todo lo que este hace. Como nosotros hacemos tantas cosas irrelevantes y que no tienen propósito, cuando pensamos en Dios le aplicamos este paradigma de forma natural.

Cuando empiezo a entender a Dios, comienzo a ver el propósito de su forma de actuar en el universo y, lo que es más importante, en mi mundo. Empiezo a entender las cosas desde una perspectiva divina. ¿Cuál es el propósito de Dios? ¿Cómo podemos expresar el propósito de Dios en una sola afirmación que abarque todo ese territorio del que hablamos?

El propósito de Dios es reunir a todas las criaturas y hacer que se conozcan. Cuando llegue ese momento, hacia el que avanza hoy toda la creación, cada ser percibirá su unicidad esencial con todos. Los teólogos liberales hablan de la fraternidad humana. Lo que no entienden es que, aunque la unidad es el propósito eterno de Dios para la humanidad, el pecado ha obstaculizado ese propósito temporalmente. Dios quiere que seamos uno, pero Satanás ha usado (y sigue usando) el arma del pecado para luchar contra el propósito supremo de Dios.

Sin duda, Dios es inmanente en su universo, trascendente por encima de él e infinitamente separado del mismo, como Dios Creador. El escritor de himnos, James Montgomery (1771-

1854), abordó este tema en un hermoso himno titulado "El glorioso universo alrededor":

El glorioso universo alrededor,
Los cielos con toda su grandeza,
Sol, luna y astros sujetos con rigor
En oculta cadena de firmeza.

La tierra, el mar y el cielo,
Se unen para hacer un mundo,
Y todo ser que anda, nada o alza el vuelo
Compone una familia, un vínculo profundo.

Dios en la Creación nos manifiesta
Su poder y gran sabiduría,
Mientras sus obras, en toda su potencia,
Se unen en armonía.

En un vínculo de amor fraterno,
Una comunión de pensamiento,
Los santos de los cielos y los santos terrenos
En Él hallan su gloria y su sustento.

La expresión "se unen en armonía" nos asegura que, en el universo de Dios, cuando el pecado se haya erradicado por completo, todo se encontrará consumado con todo lo demás, y existirá una armonía cósmica universal. Actualmente, el universo está sumido en el desorden y en el estruendo bronco y molesto del pecado mundial. Un día eso se arreglará, y se producirá la unidad armoniosa entre todos los seres que nadan, vuelan, caminan, reptan y son parte de la misma familia. Tal como escribió el poeta británico John Dryden (1631-1700) en su poema "Oda para el día de santa Cecilia":

De la armonía, de la armonía celestial
nació este marco universal:
de armonía en armonía
recorrió toda la gama de notas musicales,
y el clímax del diapasón fue el hombre.

La fragilidad de la creación se aprecia en la discordia que nos rodea hoy día: los problemas climáticos, naciones que se levantan contra naciones, el crimen constante en las calles de nuestras ciudades y la extensión de las adicciones y la inmoralidad en nuestra sociedad. La Biblia enseña claramente que Dios no es el autor de la confusión (ver 1 Co. 14:33). Por lo tanto, el caos tan extendido hoy no es obra suya, y un día será destruido, cuando Dios acabe definitivamente con el pecado y con Satanás.

Cada persona es esencial

Aquel día, cuando Cristo regrese triunfante y se alcance la consumación de todas las cosas, veremos claramente que todo lo que hace Dios tiene un propósito, que fluye en armonía plena con la eternidad de Dios. También veremos que, en el plan eterno de Dios, no puede haber nadie que no sea esencial. De vez en cuando todos nos tiramos por tierra diciendo "No sirvo para nada, no soy necesario". Entonces comprenderemos que ningún hombre es un accidente o un error. Todo individuo es absolutamente esencial para el plan de Dios.

Una gran orquesta cuenta con muchos instrumentos. Cuando la escuchamos, podemos evaluar que unos tienen más importancia que otros, pero para el director cada instrumento es esencial. Pensemos por ejemplo en quien toca el flautín. Durante un concierto sinfónico, quizá el músico del flautín solo tocará unas pocas notas. Pero esas notas son esenciales para la sinfonía. ¿Qué pasaría si, en mitad de la sinfonía, el músico del flautín se escabullese pensando que nadie le echaría de menos? El director sí que le echaría de menos porque espera que el flautín ejecute su nota en el momento correcto, y la composición no estará completa sin ella.

Cuando el director pide la participación del flautín, nadie es más importante que el músico que lo toca.

A lo mejor piensas que no es más que una breve nota de flautín, y que en el fondo no es importante. En el día en que Dios saque a la luz todas las cosas, descubrirás lo importante que has sido en el plan de Dios. Cuando veamos las cosas bajo la plenitud de la luz de Dios, todo sentimiento de inutilidad desaparecerá de nuestras mentes. Además, ese mismo sentimiento desaparecerá de todo el universo. Todo tendrá su propósito, y todo estará en su lugar.

En aquel tiempo cada persona conocerá su valor único, un valor que nadie más podía proporcionar, y comprenderá el lugar intransferible que ocupaba en el propósito y en el plan de Dios. Dentro del gran esquema de las cosas, todos somos indispensables.

Avanzando hacia la plenitud

Tal y como están las cosas, el universo se encuentra en un estado incompleto. En cierto sentido, también nosotros lo estamos, como una catedral a medio construir. Esta es la condición en la que se encuentra hoy el mundo, y es el motivo por el que cada vez que se resuelve un problema, surgen otros dos en su lugar. Nuestro mundo es como una madre con trillizos. Los tres no duermen al mismo tiempo. En cuanto uno se queda dormido, los otros dos se despiertan. Quizá consiga que dos se duerman, pero entonces el tercero estará despierto.

En el mundo se percibe la falta de plenitud. La Primera Guerra Mundial fue la guerra que acabaría con todas las guerras. Poco después de esta contienda estalló en Europa la Segunda Guerra Mundial, y desde entonces el mundo nunca ha estado en paz. Cuando se aplaca un disturbio político, empieza otro en la mitad opuesta del mundo. Esta discordia subraya la falta de plenitud de nuestro mundo tal como es.

El propósito eterno de Dios está expuesto a nuestra vista, tan vasto que solo Dios podía imaginar algo así. Este propósito eterno, este plan vasto y eterno de Dios, a nosotros nos parece confuso. Esto es porque, al igual que unos vándalos que vienen a un solar en construcción para romper cosas y dejarlo todo desordenado, el diablo provoca disturbios mientras Dios construye su catedral.

Sin embargo, ten en cuenta que ni siquiera el diablo puede detener la mano divina. No puede evitar que Dios acabe la catedral que tiene en mente. Si somos pacientes, confiamos en Dios todopoderoso y miramos a Jesucristo, uno de estos días tomará forma bajo la mano sabia del gran arquitecto y constructor. Entonces entenderás que las cosas siempre han avanzado hacia ese momento de gran plenitud. Aún no lo vemos; nuestro entendimiento es defectuoso. Como mucho, solo vemos como en un espejo, oscuramente. Como poco, estamos ciegos como topos.

Actualmente vemos y experimentamos las cosas solamente en parte. No logramos ver la mano de Dios en las cosas; no podemos ver a los ángeles, a las nubes de testigos o a los espíritus de los justos perfeccionados, ni la iglesia de los primogénitos, ni la asamblea general. No vemos la gloria que un día será nuestra cuando nos recostemos en los brazos de nuestro Esposo que nos conducirá a la presencia del Padre con una alegría insuperable. Como resultado, a veces el diablo nos desanima, diciendo: "Tú crees que es cierto. Pero ¡fíjate! Todo lo que te rodea es un puro caos". Cuando nos desanimemos un poco, como nos sucederá de tanto en tanto, hemos de recordarnos que el mundo que nos rodea es una obra inconclusa, como nosotros.

Este mundo incompleto en que vivimos un día será acabado, y entonces toda carne verá la gloria de Dios y se asombrará ante ella. Él reunirá todas las cosas, igual que un arquitecto combina diversos materiales de construcción para hacer una hermosa catedral. Reunirá todas las cosas como un compositor junta las notas tocadas por diversos instrumentos para componer una hermosa sinfonía.

Aquel día final, todas las cosas se reunirán y se manifestarán en Jesucristo, quien, según las Escrituras, es heredero de todas ellas. Este mundo pertenece a Jesucristo. Es Él, y solo Él, quien dota de sentido a este mundo. Saquemos a Cristo de la ecuación, y la fórmula no servirá de nada. Es Jesucristo quien completa la creación de Dios.

Ahora no vemos esto, porque en nuestros tiempos todo está fuera de sitio.

Satanás, por ejemplo, está fuera de su lugar. Pertenece al lago de fuego junto con todos los otros demonios. Pero camina de un lado a otro por la Tierra, acusando a los hermanos.

Los pecadores también están fuera de su lugar. Su sitio está con el diablo en el infierno, pero pululan por el mundo, dándose golpes en el pecho y pensando que son los reyes del universo. No tienen idea de su destino final. No encajan en ninguna parte porque han rechazado la esencia de lo que es la humanidad: a Jesucristo. El pecado ha destruido su capacidad de conocer su lugar en este mundo.

Cristo también está fuera del lugar que le corresponde. Ahora mismo, está sentado en el trono del Padre, compartiendo el trono con Él e intercediendo por ti y por mí. Cristo debe estar en el trono de David como gobernador y rey del universo. Uno de estos días, Cristo dejará la eternidad como hizo una vez antes, de camino a la cruz, y ocupará el lugar que le pertenece por derecho sobre el trono de David.

Israel está fuera de su lugar, esparcida por el mundo. Israel debe estar en el lugar llamado Palestina en Tierra Santa. En lugar de eso, los habitantes de Israel están repartidos por todo el mundo. Poco a poco, los vemos gravitando hacia la tierra de Israel. Un día todos se reunirán en el lugar en que deben estar. La tierra de Canaán, que Dios les prometió por medio de Abraham, Isaac y Jacob, un día será suya.

La Iglesia está fuera de su lugar. La Iglesia debe estar con su Esposo en casa de su Padre. Actualmente está repartida por todo el mundo, luchando, orando, trabajando y sufriendo por la causa de Cristo. La Iglesia debería estar gobernando el mundo (y un día lo hará), pero hoy día es el mundo quien la persigue.

Los hombres no están en su lugar. Quienes ocupan altos cargos no siempre tienen las cualidades necesarias para hacerlo, y muchas veces un hombre sabio dotado de gran sabiduría hace trabajos humildes. Con demasiada frecuencia, los hombres y las mujeres están fuera de lugar en su propio mundo.

Además, podemos decir que los cristianos estamos fuera de nuestro lugar. Nos han maltratado. Hemos de trabajar duro, orar y dormir porque hemos trabajado todo el día; y a pesar de nuestro trabajo y nuestras oraciones, las cosas no van bien. Luchamos y erramos de un lado a otro, y estamos fuera de nuestro lugar. Perteneces a la casa del Padre, pero vives en la casa del diablo. Vives en el mundo que el diablo ha conquistado temporalmente y que ha contaminado. Este es el mundo de nuestro Padre, pero Satanás lo ha saboteado durante un tiempo.

Si pudiéramos poner a Satanás en el lugar donde debe estar, así como a los pecadores, a nuestro Señor, a Israel, a la Iglesia, a los hombres y a los cristianos, disfrutaríamos de esa armonía universal por la que gime toda la creación. Esto sucederá solamente en Jesucristo.

El lugar que debe ocupar la Palabra viva en este mundo es el de aportarle propósito y cohesionarlo en una armonía absoluta y perfecta. Se acerca la hora. El tiempo está cercano. Solo con el poder del Espíritu Santo podemos cumplir la expectativa de

Dios, y el Espíritu Santo nos capacita por medio de las Sagradas Escrituras para ser todo lo que Dios quiere que seamos.

Jesucristo nos llama a un triunfo infinito y eterno de unidad y de armonía. La restauración definitiva de la creación de Dios se producirá en Jesucristo. Entenderemos nuestro lugar en el universo de Dios cuando comprendamos el lugar de Cristo, el Verbo de vida, en nuestro mundo actual.

El mundo entero es del Padre celestial
Maltbie D. Babcock (1858-1901)

El mundo entero es del Padre celestial;
su alabanza en la Creación escucho resonar.
¡De Dios el mundo es! ¡Qué grato es recordar
que en el autor de tanto bien podemos descansar!

El mundo entero es del Padre celestial;
el pájaro, la luz, la flor proclaman su bondad.
¡De Dios el mundo es! El fruto de su acción
se muestra con esplendidez en toda la expansión.

El mundo entero es del Padre celestial;
y nada habrá de detener su triunfo sobre el mal.
¡De Dios el mundo es! Confiada mi alma está,
pues Dios en Cristo, nuestro Rey, por siempre reinará.

Trad. Federico J. Pagura

4

EL CIMIENTO FIRME DE LA PALABRA VIVA

Oh, Dios, mi corazón late por ti y anhela tu comunión.
Por naturaleza, deseo las cosas externas alejadas de tu
presencia, pero el nuevo nacimiento que ha llevado a cabo
el Espíritu Santo en mi corazón me impulsa a buscarte y a
llamarte "Abba, Padre". Mi nueva naturaleza encuentra
armonía y unidad en tu bendita presencia. Amén.

Dios ha establecido un nuevo pacto que en absoluto va destinado a abrogar el antiguo, el Antiguo Testamento, la ley. El antiguo pacto era provisional y echó los cimientos del Nuevo Testamento. Pensemos en el andamio que se levanta cuando se construye un edificio. No podemos decir que no sirve de nada. Tiene un gran valor mientras se concluye la edificación. Entonces, cuando el edificio está completo, se retira el andamio. El pacto del Antiguo Testamento (la ley veterotestamentaria) era un andamio provisional hasta el momento en que se erigiese el edificio nuevo. Entonces fue viejo, quedó obsoleto y desapareció.

El antiguo pacto era imperfecto por propia naturaleza. Tuvo una continuidad temporal y un efecto inadecuado. En estas páginas intentaré demostrar por qué la ley del Antiguo Testamento no llegaba a la perfección. Con "la ley" no me refiero solo a los Diez Mandamientos. Dios no los pronunció por sí solos, sino como parte de una ley más amplia, que incluía el sacrificio, el sacerdocio, los altares y la sangre, los corderos, toros y machos cabríos, así como el día de reposo. Todas estas cosas están incluidas en el concepto de "la ley".

La ley del Antiguo Testamento era santa, justa y buena, pero su punto débil estaba en su localización: era externa en vez de interna. La fuente de la conducta y el carácter de un hombre siempre están en su interior. Jesús dijo que lo de fuera no es tan importante; lo esencial es el interior, "lo que del hombre sale" (Mr. 7:20). Lo que no podía hacer la ley era cambiar lo que salía del hombre. Se puede encadenar a un tigre, pero sigue siendo un tigre. Se puede meter en la cárcel de por vida a un asesino perturbado, pero seguirá siéndolo hasta que se produzca un cambio en su interior. Esta era la debilidad de la ley del Antiguo Testamento. No podía arreglar las motivaciones internas del hombre. Sus directivas respecto a la conducta externa, "no harás" y "harás", no podían afectar lo que había dentro del ser humano.

Lo que está fuera del hombre es legislación, y a una persona no se la puede cambiar a base de leyes. El ayuntamiento puede emitir una ley que exija a todo el mundo amar a su prójimo, pero no podremos cumplirla. Podemos caminar por la calle sonriendo y actuando como si amásemos a nuestro prójimo para mantenernos dentro de los confines de la ley y obedecer las ordenanzas, y evitar de esta manera ir a la cárcel. Si usted sonríe a los demás y actúa como si les amara, seguramente ellos pensaran que les ama, pero esa conclusión puede ser acertada o no. El ayuntamiento no podría emitir una ley tan absurda, porque nadie puede mandar en el corazón del hombre. Solamente se puede legislar sobre la conducta de una persona. Por consiguiente, la ley no puede crear una propensión moral interna. Esta es su debilidad.

Escrito en nuestros corazones

Dios prometió que proporcionaría una tendencia moral interior hacia la santidad. Dijo que sería un nuevo pacto, interno en lugar de externo. El apóstol Pablo lo explicó con bastante claridad: "siendo manifiesto que sois carta de Cristo expedida por nosotros, escrita no con tinta, sino con el Espíritu del Dios vivo; no en tablas de piedra, sino en tablas de carne del corazón" (2 Co. 3:3).

Ahora bien, cuando una persona recibe un nuevo pacto, el antiguo queda obsoleto. El antiguo pacto carece de poder moral sobre el cristiano, porque Dios ha establecido un nuevo pacto con su pueblo, bajo el cual se encuentra el cristiano. Este nuevo pacto, como hemos dicho, no actúa desde el exterior sino desde el interior.

Para ilustrar esto, acudamos a la propia naturaleza. Una cría de serpiente de cascabel sale del huevo y, antes incluso de ver cómo actúa otra serpiente de cascabel, sabe enroscarse y golpear. No es más que una criatura diminuta, jamás ha ido al colegio para aprender a golpear; se enrosca y ataca. Se trata de un factor natural de su conducta. Actúa como respuesta a otro acto que no depende de la experiencia individual anterior.

He visto a pollitos salir del cascarón y quedar indefensos durante cinco minutos. Entonces, cuando la brisa empieza a secarles el suave plumón, se ponen de pie y antes de estar completamente secos ya están escarbando la tierra. Nunca ha visto a otro pollito escarbar la tierra. Podrían ser los primeros en hacerlo en toda la historia. Escarban la tierra debido a un instinto natural que les induce a hacer cosas que no dependen de una experiencia previa. Lo hacen sin que nadie se lo haya enseñado.

Esta tendencia instintiva a la acción conduce a un fin. Ese factor desconocido es lo que impulsa a todas las criaturas (animales, aves, peces, gusanos y todos los demás) a actuar como lo que son. Por supuesto, la conducta de la criatura se puede alterar superficialmente cuando se ejerce una presión desde el exterior.

En el circo se puede enseñar a un chimpancé a que se ponga un babero y coma usando cuchillo y tenedor, pero seguirá siendo un chimpancé. Dentro de él no ha cambiado nada. Sus adiestradores no han eliminado en ningún sentido ese factor desconocido que impulsa a cada ser vivo a actuar como lo que es. En cuanto esté a solas o se junte con otro chimpancé actuará como chimpancé, precisamente porque lo es. Las fuerzas externas no han hecho más que presionarle e inducirle a que actúe como lo que no es.

Creo que se puede enseñar a un pecador a actuar como un cristiano. Lo bautizamos, lo confirmamos, le ofrecemos regularmente la Cena del Señor, y le damos instrucción ética y, al cabo de un tiempo, empieza a actuar como cristiano, de la misma manera que un chimpancé actúa como un hombre. Sin embargo, no es cristiano, porque carece de ese factor interior que le induce a avanzar hacia la justicia y la verdadera santidad. Solamente se le ha enseñado desde fuera a comportarse como un cristiano.

Hay un número increíblemente elevado de miembros de una iglesia que se encuadran en esta categoría de haber sido adiestrados para imitar a los cristianos. Leen el Sermón del Monte y saben cómo debería vivir un cristiano. En realidad no viven así, pero se acercan todo lo que pueden. Tocan de oído y se aproximan bastante, lo suficiente para ser aceptados en la iglesia. Asisten a los cultos, cantan y ofrendan, y los demás piensan que son cristianos. A pesar de ello, viven en función de las presiones externas, el adiestramiento artificial y la imitación, no del instinto natural de su interior que les enseña actuar de determinada manera. Carecen de ese ingrediente ausente, ese factor desconocido que les induce a actuar como cristianos.

Permítame que, para clarificar esta idea, llegue a un extremo.

Pensemos en el primer arcángel que aparece en el himno de Isaac Watts (1674-1748) titulado: "Poder eterno, que mora en lo alto". Mientras canta este ángel, oculta el rostro entre las alas:

> Allí, mientras canta el arcángel primero,
> Oculta el rostro entre sus alas,
> Y los tronos relucientes a su lado
> Se postran en la tierra, adorando.

Frente a él tenemos a ese viejo diablo al que se le llama "el dragón" y "Satanás". Los dos se encuentran tan alejados moralmente como pueda estarlo una criatura de otra.

¿Por qué actúa el primer arcángel como tal? Debido a un factor desconocido de su ser que le impulsa a actuar como lo que es. Si quieres, llámalo "voluntad", pero está ahí. Cuando el arcángel actúa como tal, no se comporta así porque otros le han enseñado a hacerlo; actúa de dentro hacia fuera. Ese factor interno le induce a hacerlo, y él no se resiste, del mismo modo que el pollito no contiene el deseo de escarbar la tierra. Escarba porque algo que lleva dentro le impulsa a hacerlo.

El arcángel no se compara con nadie más, diciendo: "De acuerdo, ahora debo actuar como un arcángel". Actúa como un arcángel simplemente porque lo es. La Iglesia lleva mucho tiempo reflexionando la pregunta de si un pecador peca porque es pecador o es pecador porque peca. Por supuesto, ambas cosas son verdad; corre en un círculo cerrado. Peca originariamente y primero porque es pecador. Es pecador porque peca. Por consiguiente, corre en círculo hasta que, por la gracia de Dios, escapa de ese circuito y ya no es pecador.

Frente al arcángel tenemos al diablo. También él actúa conforme a quien es, que es lo único que puedo decir en su favor. Incluso, cuando engaña, actúa como le dicta su naturaleza. Incluso, cuando actúa como un diablo, actúa como lo que es, porque es el diablo. Hablando de algunos judíos que le perseguían, Jesús dijo: "Sois de vuestro padre el diablo" (Jn. 8:44).

La obra cumbre del Nuevo Testamento es plantar en el corazón del creyente un factor desconocido que le impulsa a actuar con justicia. Aquí estriba la diferencia entre las iglesias denominacionales y el verdadero cristianismo. Es la diferencia entre formar a una persona para que se comporte como un cristiano e invitarle a que ese deseo nazca de su interior.

La iglesia media está llena de personas que han aprendido los cánticos de Sion. Son personas que nunca han estado más cerca de Dios que Adán en su peor momento, pero que entonarán algunos de los himnos más hermosos que haya oído usted en su vida. Su "acento" lo adquirieron en el propio monte Sion. Cantan los himnos de Israel, pero sin ser israelitas. Cantan los himnos de la Iglesia, pero no son cristianos.

Tú dirás: "¿Qué derecho tienes de cuestionar a los asistentes a una iglesia de esta manera tan tendenciosa?". Yo no tengo derecho a nada en absoluto; solo tengo derecho a ir al infierno, pero, bajo la gracia de Dios y por la autoridad que me ha concedido el Señor Jesucristo, tengo esta comisión: trazar una línea entre aquel que sirve a Dios y aquel que no lo hace, y luego plantarme y decir en nombre del Señor que, a menos que un hombre nazca de nuevo, no puede entrar en el reino de Dios.

El grado de formación y el acento religioso que pongamos, por grandes que sean, nunca servirán de nada. Lo único que impulsa la conducta santa es lo que el Espíritu Santo implanta en el corazón del hombre. Lo llamamos de diversas maneras: el nuevo nacimiento, la regeneración o la conversión. Tú te conviertes para ser regenerado. Eres regenerado porque, antes que eso, fuiste generado mal.

Dios llama a la regeneración (el factor desconocido) "mi ley". Él dijo: "Por lo cual, este es el pacto que haré con la casa de Israel. Después de aquellos días, dice el Señor: Pondré mis leyes en la mente de ellos, y sobre su corazón las escribiré; y seré a ellos por Dios, y ellos me serán a mí por pueblo" (He. 8:10). Por lo tanto, un cristiano es aquel que lleva escritas en el corazón las leyes de Dios, como el centro de su motivación vital. Nada más es un cristiano.

El Nuevo Testamento enseña que, incluso en la vida de un cristiano, se darán factores en conflicto. Si bien el soporte principal de su vida es esa normativa de Dios escrita no en piedra sino en carne, hay tipos de oposición que en ocasiones le superan; son debilidades de la carne, el mundo, la lascivia y los viejos hábitos.

En el séptimo capítulo de Romanos aparece el lamento clásico de un hombre santo que, a veces, siente cómo se agitan los impulsos de su interior que le llevan a ser impío. Pablo exclamó: "¡Miserable de mí! ¿quién me librará de este cuerpo de muerte?" (Ro. 7:24). En el capítulo ocho sigue diciendo que alguien ha provisto la solución para que nos liberemos de esos factores salvajes que hay en nuestro ser, a los que llamamos "la carne", la "carnalidad" o "el viejo hombre", "porque la ley del Espíritu de vida en Cristo Jesús me ha librado de la ley del pecado y de la muerte" (Ro. 8:2).

¿Se puede enseñar la religión?

En la carta a los Hebreos encontramos esta afirmación sobre el modo en que funciona el nuevo pacto de Dios con su pueblo:

> Y ninguno enseñará a su prójimo, ni ninguno a su hermano, diciendo: Conoce al Señor; porque todos me conocerán, desde el menor hasta el mayor de ellos. Porque seré propicio a sus injusticias, y nunca más me acordaré de sus pecados y de sus iniquidades (He. 8:11-12).

La consideración relevante es: *¿Se puede enseñar la religión?* En nuestros tiempos se ha puesto muchísimo énfasis en lo que llamamos "enseñanza religiosa". Yo creo en la enseñanza religiosa... si entendemos lo que queremos decir. La doctrina y la ética se pueden enseñar. Podemos colocarnos delante de media docena de niños pequeños y enseñarles: "Dios es amor" (1 Jn. 4:8); "creó Dios los cielos y la tierra" (Gn. 1:1); "Porque de tal manera amó Dios al mundo, que ha dado a su Hijo unigénito" (Jn. 3:16); "cree en el Señor Jesucristo, y serás salvo" (Hch. 16:31). Esto es doctrina, y la doctrina se puede enseñar.

También se puede enseñar la ética, las leyes justas. Podemos colocar ante nosotros a esos pequeños y decirles: "Obedezcan a sus padres, no mientan, no roben". Podemos enseñar esto, y debemos hacerlo. La doctrina hay que enseñarla, al igual que la ética.

Sin embargo, la salvación no se puede enseñar. La salvación es lo que sucede en la vida de una persona porque cree la doctrina que ha escuchado. Ahora bien, un hombre puede escuchar la doctrina, aprenderla y superar un examen sobre ella; puede recitar un catecismo de principio a fin, sin saltarse una coma; y aun así no ser cristiano, porque no se puede convertir a un hombre en cristiano mediante la enseñanza, aunque por medio de ella se le puede incitar a que *quiera* ser cristiano. Le puedes enseñar *cómo* ser cristiano. Una vez se haya convertido en cristiano, se le puede enseñar, como dice Jesús, "todas las cosas... todo lo que yo os he dicho" (Jn. 14:26). Pero no se le puede *hacer* cristiano solo mediante la enseñanza.

Aún no se ha diseñado un plan de estudios que haga nacer a un bebé. Los bebés son vida, nacidos de la vida. Sin embargo, una vez nace y crece, se le puede enviar a la universidad y someterlo a un plan de estudios, y puede aprender mucho de lo que necesita aprender.

A pesar de todo, hay que partir de la vida. No se puede crear vida mediante la enseñanza. Me pregunto cuántos presuntos cristianos lo son solo por instrucción, por la enseñanza religiosa recibida; solo porque alguien les ha manipulado, les ha sumergido en agua o se la ha rociado. Es una pérdida trágica que podamos formar parte de la iglesia, participar de ella y ser conocidos como cristianos porque actuamos como tales. No hacemos esto ni lo otro. Estamos en la iglesia y ofrendamos.

Somos un poco refinados. Por consiguiente, actuamos como cristianos, pero lo terrible es que somos cristianos por manipulación, por instrucción, y no por regeneración. La salvación, entre otras cosas, implanta en el alma un factor desconocido que impulsa a la persona salva a actuar de determinada manera. El verdadero cristiano clama al Padre por impulso del Espíritu. No pide que se le enseñe. Nadie dice al nuevo cristiano: «Di "Abba, Padre"». Lo dice porque en su corazón está el Espíritu del Hijo, induciéndole a decirlo.

La pregunta penetrante que exige respuesta es: *¿Me ha pasado esto? ¿Le he recibido? ¿He creído en Él? ¿Ha obrado en mí este milagro que me induce a querer hacer el bien y me entristece si no lo hago?* Es imperativo que nos formulemos esta pregunta y la respondamos sinceramente. Es imperativo que la respondamos afirmativamente. Sería desgarrador, o al menos descorazonador, si se nos permitiera plantarnos a la puerta de una iglesia y preguntar a todo el que sale: "¿Eres un cristiano auténtico en tu interior? El milagro del nuevo nacimiento, ¿ha implantado en tu ser ese factor desconocido que Dios ha llamado 'su ley', ese factor que te lleva a querer hacer justicia, aborrecer el pecado y odiar la iniquidad? ¿Te has visto bendecido con este factor interno que te impulsa hacia la santidad?".

¿Obtendrías una respuesta sincera? El 99 por ciento intentaría esquivarte. Si obtuvieras respuestas sinceras, sería espantoso, porque no hay dudas al respecto. Si todas las personas que asisten a la iglesia tuvieran ese factor desconocido, ese impulso que los llevase hacia la justicia, nuestro país sería distinto a como es ahora. El concepto de "cristiano" sería bastante diferente a lo que es actualmente.

Vengamos ante Dios y digamos: *Señor, no me permitas seguir siendo una de esas personas que son como ese chimpancé al que han adiestrado para que se comporte como un hombre, pero no lo es, y morirá siendo chimpancé. Ayúdame, Señor, para que no sea pecador, un pecador bueno, un pecador moral, un pecador con elevados estándares éticos, un pecador religioso, pero pecador al fin y al cabo.* Eso sería una tragedia terrible. Solo el Espíritu Santo, por medio de la Palabra de Dios, puede penetrar en lo más hondo del alma humana para provocar el cambio radical necesario para hacer un cristiano.

De la iglesia el fundamento
Samuel J. Stone (1839-1900)

De la iglesia el fundamento
es Jesús el Salvador;
por el agua y la Palabra
le dio vida su Señor;
para hacerla su esposa quiso
de los cielos descender,
y su sangre por limpiarla
en la horrible cruz verter.

De entre todas las naciones
escogida en variedad,
a través de las edades
se presenta en unidad;
y los títulos que ostenta
son: tener solo un Señor,
una fe y un nacimiento,
un constante y puro amor.

Ella alaba solo un nombre,
participa de un manjar,
la consuela una esperanza
y en la cruz tiene su altar;
por el celo que la anima,
de las almas corre en pos,
y ambiciona por la gracia
conducirlas hasta Dios.

Aunque el mundo la contemple
ya con odio o desdén;
del error o de los cismas
desgarrada en el vaivén,
en vigilia están los santos
y no cesarán de orar;
lo que hoy es tristeza pronto
se convertirá en cantar.

A través de sufrimientos
y fatigas y dolor,
el glorioso día espera
en que vuelva su Señor;
consumada su carrera
y perfecta su salud,
entrará triunfante y libre
en la eterna beatitud.

Trad. Juan B. Cabrera

5

LA AUTORIDAD DE DIOS DESCANSA EN LA BIBLIA

Tu Palabra, oh, Dios, ha sido mi comida y mi bebida. Tengo sed de ti y bebo profundamente de tu preciosa Palabra, como el ciervo brama por los arroyos. Me someto a ti y a tu autoridad como se me revela en la Palabra de Dios. He gustado y he visto que sacias los anhelos profundos de mi corazón. Te ruego que tu Palabra sea mi fortaleza en este día. Amén.

El tema de la autoridad de la Biblia es crucial. Como parte de mi credo doctrinal, creo en esta declaración de fe de la Alianza Cristiana y Misionera:

El Antiguo y el Nuevo Testamento, inerrantes tal como fueron transmitidos originariamente, fueron verbalmente inspirados por Dios y son una revelación completa de su voluntad para la salvación de los hombres. Constituyen el patrón divino y único de la fe y de la práctica cristianas.

Todo protestante en este mundo, en toda generación, cree algo parecido a esto. La Palabra de Dios es esencial para nuestra fe. Es más que la piedra angular; es la fuente de autoridad, no solo en mi vida de fe sino en la cotidiana. Después de todo, somos hijos de la Reforma.

El debate originario a principios de la Reforma se centró en el lugar que ocupaba la Palabra de Dios en la vida del creyente. Procedentes de la postura católica vinieron "los que protestaban", llamados más tarde protestantes. Martín Lutero, Juan Calvino, Juan Wycliffe, Ulrico Zwinglio y Juan Huss fueron solo unos pocos de los líderes principales del movimiento protestante.

Su desacuerdo con la Iglesia católica romana tenía que ver con la Biblia. En este terreno se libró y se ganó la batalla. Lamentablemente nosotros, que somos los hijos de la Reforma, hemos perdido de vista el tema central que estaba en juego en aquella época. Todas las otras diferencias eran, como mucho, secundarias; el centro neurálgico de los protestantes era la importancia de la Biblia. Después de todo, todo aquello por lo que vivían descansaba sobre la autoridad de la Biblia. Si esta no era la Palabra de Dios, se perdía todo lo demás.

El triunfo fundamental de la Reforma no fue la entrega de la Biblia a las masas, sino más bien el establecimiento de su autoridad en la Iglesia. Esta autoridad debía estar por encima de la tradición, la interpretación, los sacerdotes y los predicadores. Nada debía ser más importante que la Palabra de Dios. Ocupa un lugar único por encima de todas las demás autoridades de este mundo. En la vida y en el ministerio cristianos todo debía fluir de la Palabra de Dios bajo la dirección del Espíritu Santo.

Aquellos hombres de Dios del pasado se sentirían bastante desanimados si volvieran y vieran cómo se ha deteriorado la autoridad de la Palabra de Dios entre las llamadas iglesias protestantes modernas, casi hasta el punto de trastocar el tremendo trabajo de los reformadores en esta área. Sin duda, en la mayoría de esas iglesias, la Biblia tiene cierta autoridad, pero no la autoridad suprema.

La autoridad de la Palabra de Dios se sujeta a interpretaciones e, incluso, en ocasiones, a la traducción de la Biblia, que cambia de una a otra generación. Lo que una generación afirma que la Biblia prohíbe, la otra lo acepta, como si la verdad fuera flexible y cambiante. Tengamos en cuenta que lo que es cierto no es nuevo, y lo que es nuevo no puede ser cierto.

Aun hoy, las tradiciones de la Iglesia parecen tener más autoridad que la Palabra de Dios. Pero toda tradición tiene un principio, un momento antes del cual nadie la hacía. Entonces alguien lo hizo y se convirtió en tradición. Hoy día, algunos establecen tradiciones que no se basan en la enseñanza clara de las Escrituras, y la tradición de una generación se convierte en la serpiente de bronce de la siguiente.

Mi postura sostiene simplemente que todo aquello que no se fundamenta claramente en la Palabra de Dios carece de su bendición. Esto puede explicar la ausencia de la bendición divina sobre muchas iglesias evangélicas, protestantes, modernas. Para comprender la autoridad de la Palabra de Dios desde su punto de vista, hemos de retroceder hasta el principio.

Debemos empezar con la autoridad del Antiguo Testamento.

El plan perfecto de Dios

En el judaísmo, Dios echó los cimientos firmes para la redención. Nada fue fruto del azar ni del capricho; Dios tuvo mucho cuidado al establecer un fundamento que llevase hasta la cruz de Cristo y más allá. Este fundamento se echó desde una perspectiva eterna. Todo lo que hace Dios encaja en la eternidad y resuena en armonía plena con su voluntad.

Dios mostró a Moisés un plan para un tabernáculo en el que Él mismo moraría, y le advirtió: "Mira y hazlos conforme al modelo que te ha sido mostrado en el monte" (Éx. 25:40). El plan que proporcionó Dios no necesitaba que ningún hombre lo mejorase; era perfecto tal como Él lo había dado.

Por el motivo que sea, cada generación siente la necesidad de cambiar o mejorar el plan divino. Debemos librarnos de este terrible "complejo de Dios" en nuestra propia generación.

Debemos aceptar la Palabra de Dios como Él la dio, a pesar de las incomodidades personales que nos pueda causar. Yo he tenido la experiencia de que, aunque la Biblia es maravillosa, al mismo tiempo y en virtud de sus exigencias, es el libro más molesto que podamos leer.

Como he dicho, el fundamento de Dios tenía una naturaleza que no se podía mejorar. Dios dejó muy claro a Moisés que no tenía que ampliar, cambiar o modificar ninguna parte del plan. Incluso aquellos aspectos del plan que no tenían sentido para el hombre debían dejarse tal cual; porque después de todo era el plan de Dios, y no se lo dio al hombre para que este lo criticase o lo aprobase. Nació en el corazón de Dios, y que ningún ser humano se atreva a contravenirlo.

El mensaje era definitivo; no se podía enmendar. Cuando los grupos se reúnen y tienen sus encuentros anuales, les gusta introducir enmiendas. Por lo general, la gente aprueba lo que se ha propuesto, pero quieren añadir sus modificaciones para mejorarlo o personalizarlo. El plan de Dios no necesita modificaciones; no necesita la aprobación del hombre ni alteración alguna para que la siguiente generación tenga las cosas más fáciles.

Además, en el plan de Dios no hay sitio para las concesiones. Cuando Él dice que una cosa es o debería ser de determinada manera, así es como es, independientemente de si tiene o no sentido para nosotros. Dios nunca ha jugado a hacer concesiones, y no hay ninguna indicación de que vaya a empezar jamás.

Así es como los hombres se relacionan unos con otros. Cada uno da un poco aquí y otro poco allí, y cuando han acabado de ceder, el conjunto de todos ellos llega a una conclusión que no tiene nada que ver con sus respectivos puntos de partida o lo que deseaban conseguir. Dios no va a permitir que el hombre le quite trozos a su plan, cediendo en esto y renunciando a lo otro, acabando con algo que es muy distinto al plan originario de Dios.

En el plan de Dios tampoco hay sitio para las excusas. En una primera lectura, algunos aspectos del plan divino parecen ásperos. Pensamos en los sacrificios y en todas aquellas cosas difíciles que figuraban en el plan de Dios del Antiguo Testamento. A veces tendemos a tomar lo que ha hecho Dios y excusarlo. Alguien puede decir: "¡Ah, sí! Dios dijo eso, pero no quería decir precisamente eso". Entonces esa persona ofrece una explicación excesivamente detallada de lo que piensa que quería decir Dios en realidad. Si tenemos que explicar algo, es que no lo creemos. Podemos aceptar por fe aquellas cosas de Dios que no entendemos. Esta es la dinámica de la fe.

Dios no necesita que alguien se excuse por su plan, como si a este le faltara algo. Este plan tiene en cuenta todas las consideraciones posibles, y no necesita adaptarse a los tiempos. A Dios nada le toma por sorpresa, ni tampoco hace nada por capricho; conoce el final desde el principio, y todos sus planes toman esto en consideración.

La autoridad del Antiguo Testamento tenía una jurisdicción completa y definitiva sobre la conciencia y la conducta del pueblo. No se podía apelar a una fuente superior. Determinaba cómo debían actuar las personas y qué les pasaría si su conducta no encajaba con la Palabra de Dios. Debía aplicarse a todos sin excepción. Pablo escribió: "porque no hay acepción de personas para con Dios" (Ro. 2:11).

El mensaje, con esa naturaleza definitiva, transmitía la autoridad de Dios. Jesús dijo por medio de Abraham: "Si no oyen a Moisés y a los profetas, tampoco se persuadirán aunque alguno se levantare de los muertos" (Lc. 16:31). Esta fue una ilustración de la autoridad que Dios confería al Antiguo Testamento. Jesús y el Espíritu Santo subrayaron esa autoridad en el Nuevo Testamento. Pero ¿de qué sirve tener autoridad si no hay una aplicación personal?

Esto nos lleva a la autoridad del Nuevo Testamento.

Construyendo sobre los cimientos

A lo largo de los Evangelios vemos que Jesús siempre habló con autoridad, no como los escribas y los fariseos, sino con una autoridad que supera a la humana: "porque les enseñaba como quien tiene autoridad, y no como los escribas" (Mt. 7:29). El Antiguo Testamento había concedido esta autoridad:

> Profeta de en medio de ti, de tus hermanos, como yo, te levantará Jehová tu Dios; a él oiréis; conforme a todo lo que pediste a Jehová tu Dios en Horeb el día de la asamblea, diciendo: No vuelva yo a oír la voz de Jehová mi Dios, ni vea yo más este gran fuego, para que no muera. Y Jehová me dijo: Han hablado bien en lo que han dicho. Profeta les levantaré de en medio de sus hermanos, como tú; y pondré mis palabras en su boca, y él les hablará todo lo que yo le mandare (Dt. 18:15-18).

La autoridad bajo la que operaba Jesús quedó establecida en el Antiguo Testamento. Lo que hacía Jesús era una continuación del Antiguo Testamento.

Si lees el libro de Hechos, verás que es una exposición de la predicación bíblica en la iglesia primitiva. Fíjate en los mensajes de Pedro, Esteban y el apóstol Pablo, y descubrirás cómo razonaban, cómo enseñaban y cómo apelaban al Antiguo Testamento. En aquel momento, el Nuevo Testamento no existía; para ellos, la Palabra de Dios era el Antiguo Testamento.

Cuando predicaban el Antiguo Testamento, lo hacían bajo la autoridad de Jesucristo. En Jesucristo, el Antiguo Testamento desplegaba toda su gloria. El Antiguo Testamento preparó el camino para Cristo y puso en sus manos todo el poder y toda la autoridad. En Cristo se hallaba el cumplimiento de todo lo que se había establecido en el Antiguo Testamento.

La importancia del 62 A. T.

La Iglesia que nació el día de Pentecostés era, literalmente, el producto de la Palabra de Dios. Nació de las Escrituras y descansaba en ellas para su existencia y su sustento. Apartemos la Palabra de Dios de la Iglesia y esta dejará de ser un movimiento de Dios con autoridad. A veces es fácil olvidar que la autoridad espiritual no descansa en institutos, universidades o seminarios. Solo la Palabra de Dios, bajo la dirección del Espíritu Santo, puede dar poder a la iglesia de hoy.

Un repaso de la historia eclesial revela lo importante que ha sido la Palabra de Dios de generación en generación.

Por ejemplo, la Reforma trajo consigo el compromiso renovado con la Palabra de Dios, que dio como resultado la preservación de la ortodoxia. El logro principal de la Reforma fue colocar las Escrituras, la Palabra de Dios, en el centro de la vida eclesial y hacerla accesible a todo el mundo. La Biblia no era solamente para la elite, sino para todos los que tenían hambre y sed de justicia. Muchos de los líderes de la Reforma sacrificaron sus vidas haciendo que la Palabra de Dios llegase al pueblo.

Después de la gran Reforma llegaron los avivamientos. Los que tuvieron lugar bajo el liderazgo de John y Charles Wesley son los más notables; son estos los que, en la práctica, llevaron la Biblia a las masas. A menudo, como no le estaba permitido predicar en las iglesias, John Wesley se situaba en el mercado al aire libre y proclamaba la Palabra del Señor. Estoy seguro de que no se le hubiera ocurrido a él por su cuenta, pero debido a la situación fue necesario hacerlo así. El pueblo llano le escuchaba agradecido, y de su ministerio nació un avivamiento que duró muchos años y, según algunos historiadores, salvó a Inglaterra del colapso.

El problema de los avivamientos históricos es que normalmente han sido temporales. Son como relámpagos: bastante imponentes, pero solo iluminan unos instantes. No pretendo restarles importancia; solo deseo señalar el hecho de que la Iglesia de Jesucristo no descansa sobre estos avivamientos dramáticos, sino sobre la Palabra del Señor declarada con el poder del Espíritu Santo.

Estas iglesias son las más fidedignas y las más cercanas a la Palabra de Dios. Esto es así incluso en nuestros días. Dado que esta fidelidad tiene un precio que muchos no están dispuestos a pagar, no todas las iglesias se mantienen firmemente arraigadas en las Escrituras.

Hay un principio semejante aplicable a maestros y predicadores. Los maestros y predicadores que reciben más honra son aquellos que más han honrado la Palabra de Dios. Creo que es importante que un hombre en el ministerio se límite a las Escrituras. Son muchísimas las cosas que pueden captar la atención de una persona, de modo que el hombre de Dios debe centrarse sin cesar en la Palabra de Dios. Cuando lo hace, invariablemente Dios le concede autoridad.

No es sencillo mantener esa atención exclusiva, ni mucho menos. La trampa que supone querer destacar en el púlpito ha sido la caída de muchos predicadores. Con el paso de los años, han surgido poderosos oradores que han destacado sobre los demás y, lamentablemente, también han "superado" la enseñanza directa de las Escrituras. El púlpito no es el lugar donde una persona manifieste su brillantez; más bien es, sencillamente, un lugar donde declarar: "Así dice el Señor".

La trampa en la que caen muchos consiste en que no predican la Biblia, sino acerca de ella. Esto se parece al caso de un hombre que habla de comer en lugar de comer. Por mucho que uno hable de comer, nunca satisfará el apetito. Por mucho que hable usted de la Biblia, nunca ministrará al corazón que anhela a Dios. Enseñar sobre la Biblia en lugar de dejarla hablar supone sustituir al Dios vivo por un becerro de oro. El impostor puede resultar atractivo y estar reluciente, y recibir muchos halagos, pero no es genuino. ¡Feliz la congregación cuyo pastor conoce la diferencia!

El juicio de Dios sobre quienes no predican su Palabra es que les deja estériles. Este es el peligro de dar las cosas por hecho, creyendo que estoy predicando la Palabra cuando en realidad solo predico acerca de ella. Puede que desde el punto de vista humano no parezca una gran diferencia, pero por lo que respecta al Espíritu Santo sí que lo es.

Jesús entendía esto cuando dijo: "El espíritu es el que da vida; la carne para nada aprovecha; las palabras que yo os he hablado son espíritu y son vida" (Jn. 6:63).

Entonces tenemos esas terribles palabras de Jesús: "El que me rechaza, y no recibe mis palabras, tiene quien le juzgue; la Palabra que he hablado, ella le juzgará en el día postrero" (Jn. 12:48).

Desafiar la autoridad de la Palabra en nuestra vida o en nuestro ministerio supone ofender al bendito Espíritu Santo, que empieza a alejarse de la persona que hace eso... y de su ministerio. Yo, por mi parte, deseo honrar a Dios en mi vida y en mi ministerio al establecer la autoridad indiscutida de la Palabra de Dios en mi vida, independientemente del coste o de la incomodidad.

Castillo fuerte es nuestro Dios
Martín Lutero (1483-1546)

Castillo fuerte es nuestro Dios;
defensa y buen escudo.
Con su poder nos librará
en este trance agudo.
Con furia y con afán
acósanos Satán.
Por armas deja ver
astucia y gran poder;
cual él no hay en la tierra.

Luchar aquí sin el Señor,
cuán vano hubiera sido.
Mas por nosotros pugnará
de Dios el Escogido.
¿Sabéis quién es? Jesús,
el que venció en la cruz;
Señor de Sabaoth,
omnipotente Dios,
Él triunfa en la batalla.

Aun cuando estén demonios mil
prontos a devorarnos,
no temeremos, porque Dios
vendrá a defendernos.
Que muestre su vigor
Satán, y su furor;
dañarnos no podrá
pues condenado está
por la Palabra Santa.

Sin destruirla dejarán,
Aun mal de su agrado,
Esta palabra del Señor;
Él lucha a nuestro lado.
Que lleven con furor
Los bienes, vida, honor,
Los hijos, la mujer...
Todo ha de perecer...
De Dios el reino queda.

Trad. Juan B. Cabrera

Tomarse en serio la Palabra de Dios

He escuchado tu Palabra, oh, Señor, y ha llenado mi corazón de alabanza y adoración. No me permitas perder de vista el valor incalculable de tu Palabra en mi vida personal. Nunca me dejes dar nada por hecho, sino que permite al Espíritu Santo confirmar en mi vida cada día tu bendita voluntad. Amén.

Una de mis grandes preocupaciones es que muchos de los cristianos modernos no se toman en serio la Palabra de Dios. Por el motivo que sea, las Escrituras no tienen autoridad sobre la vida del cristiano del modo que es necesario para que él o ella vivan una vida para la gloria de Dios. A muchos les ha dado por trivializar la Palabra de Dios; algunos incluso la tratan como una especie de juego, para divertirse. Si queremos que el Espíritu Santo nos dote de poder, debemos empezar por tomarnos la Biblia en serio.

Pablo explica que "la fe es por el oír, y el oír, por la Palabra de Dios" (Ro. 10:17). Si nos apartamos de la Palabra de Dios y de la atención seria que hemos de prestarle, nuestra fe naufragará en la ciénaga del desánimo.

Quizá el motivo principal por el que no nos tomamos tan en serio la Palabra de Dios es porque nos hemos vuelto susceptibles a las numerosas fuentes de ruido en este mundo, que en realidad son intrascendentes. Se trata de cosas ruidosas, como digo, pero sin embargo no tienen gran importancia. Incluso el mundo habla de ellas con una sonrisa irónica y no se las toma demasiado en serio.

Sin duda que en este mundo hay cosas que importan, como el hambre, el dolor, la vida, la muerte y el destino. Estas cosas son importantes y hay que prestarles una gran atención. Pero, aparte de estas, no hay muchas cosas que importen, y parece que cuanto más ruido hace algo, menos importa. Los cristianos somos como el bebé que está en la cuna; lo que más llama nuestra atención son los sonajeros. De hecho, cuanto más ruido haga el sonajero, más nos gusta.

Sin embargo, déjeme decirlo otra vez: el mero hecho de que una cosa haga ruido no quiere decir que sea importante.

La política, sea cual fuere el partido, en realidad no cuenta mucho. Da igual que sea usted demócrata o republicano. La política de nuestro país puede cambiar por el capricho de unos políticos a quienes lo único que les interesa es conseguir que vuelvan a elegirlos otra vez. Se oponen inflexible y elocuentemente a cualquier política que obstaculice su reelección.

Las filosofías tampoco son realmente importantes. En el fondo, el debate sobre idealismo y realismo no es cuestión de vida o muerte. Puedo pasármelo muy bien debatiendo los méritos relativos de diversas filosofías, y acabar agotado y embargado por el orgullo intelectual, pero en el mundo no habrá cambiado nada. Puedo ganar una discusión, pero mi victoria no afecta en nada a cualquier cosa realmente importante en este mundo.

Luego tenemos la psicología. En este mundo no es importante ni la vieja ni la nueva psicología. Cuando era joven, me empapé bastante de psicología. Fui a conferencias, leí libros y reflexioné mucho sobre las teorías psicológicas. Lo que descubrí es que, tras examinarlo todo, en realidad no ha cambiado nada.

Las cosas realmente importantes de este mundo no se ven afectadas ni una pizca por la psicología.

Incluso la ciencia, por importante que sea, no altera las cosas verdaderamente importantes. Tenemos a los Newton, los Einstein y el siguiente genio que siga sus pasos. Después de que hayan dicho todo lo que saben y hayan dado conferencias eruditas sobre el hallazgo científico más reciente, nada importante habrá cambiado.

La poesía y las canciones son otras cosas ruidosas que forman parte del mundo, pero no producen cambios. Me encanta la poesía, y he leído mucha. Debo confesar que buena parte era mala poesía, pero de vez en cuando encuentro un poeta bueno. Cuando descubro a un poeta así, me alegra el día. Pero incluso después de disfrutar de la poesía de ese gran escritor, descubro que no ha cambiado nada realmente importante.

Todas estas cosas pasan y nos abandonan, inalterados, bajo los golpes contundentes de la vida, el sufrimiento y la muerte. Incluiré la predicación en esta categoría. Sin duda que la predicación tiene sus propósitos. Es una manera de desarrollar estructura social, edificar carácter y una comunidad mejor. Fomenta la masculinidad noble y la feminidad hermosa, e incluso puede dar pie a pensamientos elevados. Todo esto es positivo. Muchos predicadores utilizan este tipo de predicación, y admito que existen beneficios superficiales; pero, una vez se ha predicado cualquier sermón, no es más que el sonido de una voz distante que tolera el sinsentido. Nada de esto se toma en serio, porque no lo es; no cuenta para nada en las crisis.

Piensa en el último sermón que hayas escuchado. ¿Qué importancia tendrían las lecciones de ese sermón si te vieras envuelto en un accidente de tráfico, enfrentándote a la posibilidad de morir? Algunas cosas son cuestiones de vida o muerte; otras, en realidad, no son tan importantes.

Asimilando la Palabra de Dios

Esto me lleva a una de esas cosas que realmente importa, la única que debemos tomarnos en serio. Por supuesto, esa única cosa es la Biblia. En mis manos tengo un libro, la Biblia, que está por encima de toda secta, nacionalidad, raza, género y escuela intelectual. Este libro que tengo en las manos es el único libro serio que marca una diferencia; todos los demás, en comparación, no son nada.

Me pregunto qué pensaría una persona que ha vivido toda su vida en una cueva y por fin sale a la luz del sol y lo ve por primera vez. ¿Cómo describiría el sol esa persona? ¿Qué pensaría realmente de él? Desde el día en que nació ha vivido sin la influencia del sol en su vida, o al menos eso piensa ella.

¿Y qué hay de esas personas que han vivido (o eso piensan ellas) en una cueva espiritual y nunca han visto la luz del sol que es la Palabra de Dios? Resulta difícil pensar que alguien pudiera encajar en esta categoría. Sin embargo, en los Estados Unidos de América, supuestamente la nación más cristiana del mundo, todavía quedan personas que nunca han sido expuestas personalmente a la Palabra de Dios.

¿Qué pasaría si una de estas personas acudiera a la Palabra de Dios por primera vez? Empezaría a leerla y descubriría que este libro hace afirmaciones impresionantes.

Primero, este libro al que llamamos "Biblia" está solo. No es comparable a ningún otro libro y, por consiguiente, no hay ninguna otra autoridad que proyecte su sombra sobre la Biblia. Mi autoridad como cristiano descansa únicamente sobre este libro, no sobre este más algún otro.

Además, la Biblia representa la Palabra con autoridad de Dios. No hay medias tintas ni matizaciones. Debemos aceptar la Biblia en sus propios términos, sin hacer excepciones para alguien que no está de acuerdo con todo lo que aparece en ella.

O todo es Palabra de Dios o nada lo es. Dividirla en porciones supone comprometer su autoridad.

Ahora bien, a muchos les gusta tomar una porción de las Escrituras por un lado, otra porción por otro, y una más de otro lugar, y luego construyen algo que no es realmente lo que enseña la Biblia. Esto es lo que han hecho todas las sectas. A los herejes les apasiona hacerlo, e intentan convencer al mundo de que lo que enseñan es la Biblia auténtica. Pero en el fondo es una Biblia manipulada y deformada para encajar con los prejuicios o el programa de otros.

Si estas afirmaciones sobre la Biblia son ciertas, este libro merece toda nuestra atención, porque nos afecta en la vida, el sufrimiento, la muerte y el destino.

Sin embargo, hay quien se niega a tomársela en serio.

Veo solo dos explicaciones de por qué la gente no se toma en serio la Biblia.

¿Es falsa la Biblia?

La primera posibilidad es que hayas descubierto que la Biblia es mentira. Después de leer las Escrituras, estudiarlas, examinarlas y comparar un pasaje con otro, has llegado a la conclusión de que la Biblia, simplemente, no es verdad. Esto presupone que has examinado, sopesado, investigado y analizado el problema hasta haber agotado todos los recursos y llegar a la conclusión inapelable de que la Biblia es falsa.

Me sorprende que los mayores críticos de la Biblia sean aquellos que nunca la han estudiado a fondo. Este enfoque no se toleraría en los ámbitos de la medicina o de la ciencia, ni en el campo de la abogacía, por mencionar solo unos ejemplos. Imagina que alguien que jamás ha leído ningún tipo de teoría médica criticase los últimos avances en este campo. Esa persona acusaría a una materia de ser falsa pero, sin embargo, no podría explicar por qué lo es. A esta persona no se la tomaría en serio dentro de la comunidad médica.

Por lo tanto, estos críticos de la Biblia hablan y despotrican sobre la autenticidad y la autoridad de la Biblia, pero sin embargo carecen de argumentos lógicos para respaldar sus afirmaciones. Cuestionan la autoridad de la Biblia, pero sin ofrecer una explicación razonable de su postura.

Pensemos por un momento que sea posible estar seguros del todo (como he dicho, después de haber investigado y estudiado mucho las Escrituras) de que la Biblia es falsa. ¿Qué efecto tiene esto?

Para empezar, desilusiona a todos los que han sido transformados por el poder y la autoridad de la Palabra de Dios, a todas esas personas que iban perdidas por la vida (algunas incluso en las peores calles de los barrios bajos) y fueron transformadas dramáticamente gracias a la lectura de la Biblia. Quizá alguien les leyó las Escrituras y oró con ellos, y como creyeron a la Palabra sus vidas se transformaron por completo. Ya no son lo que fueron. Podríamos llenar un libro (o toda una colección) con los testimonios de los miles y miles de personas que han sido transformadas así por la Palabra de Dios.

Ahora viene alguien y dice a esas personas que la Biblia es mentira. ¿Cómo les afecta? ¿Dirán algo como "Este señor me dice que la Biblia es falsa, y por tanto mi conversión y mi transformación también lo son. En realidad no me ha pasado nada, y soy la misma persona que era"? ¡Qué ridículo sería decir esto, cuando la transformación es evidente para todos!

Quienes afirman que la Biblia es falsa insinúan que todas las personas cuyas vidas se han transformado viven engañadas. ¡Pues ojalá hubiera más ilusos! He conocido a hombres y mujeres así, y sé exactamente qué dirían a eso. Repetirían las palabras de aquel ciego, que dijo a los fariseos que cuestionaban la realidad de quién era Jesús: "Si es pecador, no lo sé; una cosa sé, que habiendo yo sido ciego, ahora veo" (Jn. 9:25). Resultaba difícil cuestionar la autoridad de Jesús cuando ante los fariseos estaba el hombre que antes había sido ciego y ahora veía.

Luego tenemos el área de las obras de misericordia. La afirmación que hace el incrédulo, de que la Palabra de Dios no lo es no solamente desilusiona a quienes han sido transformados, sino que invalida las obras de misericordia hechas en el nombre de Jesús.

Normalmente, una gran obra de misericordia empieza con alguien que ha sido transformado radicalmente por la Palabra de Dios, una persona que se ha convertido sinceramente a Jesucristo. Entonces, esa persona ayuda a quienes tienen dificultades, a quienes viven en situaciones como la que ella experimentó antes de conocer al Cristo de la Biblia, y les muestra misericordia y amor por medio de las cosas que hace a su favor.

Si quienes no creen en la autoridad de la Biblia tienen razón, debemos cerrar todos los hospicios y lazaretos, las obras misioneras en algunos de los lugares más primitivos del mundo y los hospitales que tanto han contribuido a aliviar el sufrimiento humano. Quienes no creen la Palabra de Dios, ¿están dispuestos a decirnos que la incredulidad fue el origen de todas esas obras de misericordia?

Si la Biblia es falsa, ¿quién se lleva el mérito de las obras compasivas de quienes viven sus preceptos?

¿Y qué hay de todos los creyentes que, a lo largo de los años, han influido tantísimo en la sociedad? Si la Biblia es mentira, como algunos afirman, tenemos que dar premios al más tonto y orejas de asno a los creyentes que edificaron sus vidas sobre la Palabra de Dios; y eso que, gracias a sus esfuerzos, constituyeron una influencia poderosa para mejorar el mundo.

Hablo de personas como Francis Bacon, William Gladstone, Miguel Ángel, Pascal, Spinoza, Milton... y la lista es interminable. Si la Biblia es falsa, esos hombres fueron necios. Sus biografías nos dicen que dieron crédito al Dios todopoderoso por su obra en sus vidas, y que aceptaron la autoridad de las Sagradas Escrituras. Sin duda, no todos compartían exactamente las mismas creencias, pero el centro de su vida estaba en la autoridad de la Palabra de Dios. Se tomaban muy en serio las Escrituras.

Desde mi punto de vista, uno de los grandes libros de todos los tiempos es *El libro de los mártires*, de John Foxe. Pero ¡qué necios fueron esos hombres y mujeres si la Biblia no es la Palabra inspirada por Dios y con su autoridad! ¿Por qué iba alguien a ser tan estúpido como para entregar su vida, lo más precioso que tiene, por algo que es falso?

Si se demostrara que la Biblia es falsa, sería algo terrible y tendría consecuencias amplísimas; pero ninguna persona reflexiva y estudiosa que haya dedicado tiempo y esfuerzo al estudio de la Biblia llegaría a la conclusión de que esta es falsa. Hacerlo supondría que sabes más que Dios o, peor aún, que Dios se está guardando para sí algo bueno.

Juguetear con la Palabra de Dios

Si una persona no ha concluido que la Biblia es falsa, si en realidad sabe que no lo es y aun así no se la toma en serio, es culpable de juguetear con la Palabra de Dios. Si creemos que la Biblia es la Palabra de Dios para nosotros, debe tener la máxima prioridad en todas nuestras actividades. Todo lo que hagamos debe evaluarse con la idea "así dice el Señor". El cristiano serio debe rechazar de plano todo aquello que no esté a la altura de este estándar.

Jugar frívolamente con algo tan importante como es la Biblia es el mayor ejemplo posible de estupidez. Permíteme que te diga que no creo que la Biblia sea un libro religioso. A lo largo de los años ha habido muchos textos religiosos, y he leído la mayor parte de ellos. Toda religión, incluso toda secta, tiene su libro religioso. El libro religioso es una colección de cosas que debes hacer y otras de las que tienes que abstenerte si formas parte de esa religión.

Algunas personas consideran que la Biblia es un compendio de órdenes y prohibiciones. Pensar así es menoscabar la integridad de la Biblia. Hay un antiguo himno que cantábamos en mi iglesia titulado "Parte tú el pan de vida". Me encanta ese himno, sobre todo una frase de la primera estrofa: "más allá de las santas páginas yo te busco, mi Señor". Considerar la Biblia algo que no sea una "santa página", por medio de la cual Dios ejerce su autoridad, supone restarle importancia para nuestro perjuicio espiritual.

Prometo solemnemente delante del Dios todopoderoso que cada día de mi vida me tomaré la Biblia con total seriedad, y adaptaré mi vida a sus enseñanzas.

Parte Tú el pan de vida
Mary A. Lathbury (1841-1913)

Parte Tú el pan de vida, Jesucristo, para mí
como partiste los panes junto a aquel mar, allí;
más allá de santas páginas yo te busco, mi Señor;
y mi espíritu te anhela, ¡oh, Tú, el Verbo, Salvador!

Bendice la verdad, Señor amado, para mí,
Como aquel pan bendijiste, en Galilea así;
y ya no habrá más cadenas, los grilletes caerán,
y hallaré por fin mi paz, gloriosa y celestial.

Tú eres el pan de vida, Señor, para mí,
y tu santa Palabra la verdad que creí;

dámela de comer y viviré en las alturas,
enséñame a amarla, fuente de amor más pura.

Envía tu Espíritu, Señor, a mí,
Que toque Él mis ojos y me haga verte a ti:
Muéstrame la verdad oculta en tu Palabra,
Y en sus páginas revela tu gloria bienamada.

· · · · · · · · · · · · · ·

SEGUNDA PARTE

OBSTÁCULOS AL PODER DE DIOS

Ella es mi consuelo en mi aflicción,
Porque tu dicho me ha vivificado.
SALMO 119:50

7

CÓMO SUPERAR EL GRAN ENGAÑO ESPIRITUAL

Hay una ceguera, Padre, que penetra en lo más hondo del alma humana, opacando tu rostro. El mundo está en mi contra. Mi carne conspira contra mi alma. Y el enemigo de mi alma lucha por alejarme de la bendita luz del evangelio. Te ruego que mi corazón se vea inundado por el fulgor de tu sonrisa. Que tu luz expulse por siempre la oscuridad espiritual que entorpece mi relación contigo. En el nombre de Jesús, amén.

Un factor que debería animar el corazón de todos los cristianos es que Dios no ha dejado nuestro mundo a oscuras. Toda la enseñanza bíblica apunta a Jesús como la luz "que alumbra a todo hombre, [y que] venía a este mundo" (Jn. 1:9). Dios, en su infinita sabiduría, ha establecido a Jesús como la luz del mundo.

Alejados de Jesús, los hombres y mujeres tropiezan en la sombra de su propia rebelión. Bajo la influencia del príncipe de las tinieblas, siguen caminando en una oscuridad tan profunda, peligrosa y sin esperanza como si la luz nunca hubiera venido. Fijémonos en diversas personas: detectamos en ellas cierta sensación de desesperanza y, sin embargo, ante sus ojos está la esperanza del mundo, que es el Señor Jesucristo: ¿qué induce a una persona a apartarse deliberadamente de la luz y caminar en las sombras de su propia oscuridad? ¿Por qué sus ojos están tan ciegos al fulgor de Jesucristo, que es ciertamente la luz del mundo?

Desde un punto de vista natural, un ciego lleva la oscuridad en sus ojos. Para el ciego, da lo mismo que a su alrededor sea un día luminoso, porque en sus ojos solo hay una medianoche cerrada. Para un ciego, la luz no tiene valor; incluso puede negar su existencia. Por lo que a él respecta, la luz no existe. Por mucho que intentemos convencerlo de lo contrario, no posee la capacidad de ver la luz. Se encuentra atrapado en su propia ceguera, sin esperanza.

Creo que en el ámbito espiritual pasa lo mismo. A pesar de que la luz del evangelio brilla en torno a ellos, los hombres y las mujeres siguen optando por caminar en la ceguera de sus propios corazones. Niegan enfáticamente que exista la luz. O bien, optando por caminar en las tinieblas espirituales, desprecian la luz. Por beneficiosa que sea la luz, la gente sigue eligiendo la oscuridad. "Y esta es la condenación: que la luz vino al mundo, y los hombres amaron más las tinieblas que la luz, porque sus obras eran malas" (Jn. 3:19).

Quiero señalar que esta oscuridad espiritual, a diferencia de la ceguera natural, es autoinfligida. En realidad, hoy día no hay excusas para la ceguera espiritual. Dados todos los avances de la tecnología, son muy pocas las personas que se encuentran alejadas de la luz del evangelio. Gracias a la radio, la televisión y otros medios de comunicación, no pasa un solo minuto durante el día en el que no se exponga el evangelio. Ninguna otra generación ha disfrutado de tanta luz como la actual y, por la misma regla de tres, ninguna otra generación ha despreciado tanto semejante luz.

Actualmente disponemos del beneficio de todo tipo de luz. Tenemos luz social, política, científica y muchas otras. La única luz que se pasa por alto es la espiritual.

La ceguera espiritual puede adoptar muchas formas. Por ejemplo, hay quienes pervierten la luz del evangelio, desvirtuando la verdad para obtener un beneficio propio. Hay muchos más dispuestos a aprovecharse de las personas recurriendo a la religión, y son demasiados los que están predispuestos a ser vulnerables en este sentido.

A pesar de todo esto, en nuestra sociedad moderna todavía existen muchas vías por las que se proclama el evangelio de Jesucristo. El mundo es nuestro campo de misión, y la tecnología moderna constituye un medio insuperable para acceder a este campo de misión llevando la luz bendita del evangelio de Jesucristo.

Sin embargo, debemos ser prudentes con la tecnología y los medios de comunicación. A pesar de lo urgente que es hoy día extender la luz del evangelio, muchos se han visto atrapados por el entretenimiento, las luces brillantes y las campanitas que tintinean. Esta superficialidad no piensa marcharse. Aunque no me gusta, debo admitir su presencia. Todas estas cosas son fáciles y solamente exigen un esfuerzo humano. La luz que el mundo necesita conocer, la luz del evangelio, solo se puede transmitir y demostrar por medio del poder del Espíritu Santo.

Las consecuencias de la ceguera espiritual

Jesús dijo: "Yo, la luz, he venido al mundo, para que todo aquel que cree en mí no permanezca en tinieblas" (Jn. 12:46). Quiero insistir en que la ceguera espiritual es autoinfligida. A todos nosotros se nos ha concedido la oportunidad de escapar de las tinieblas mediante la fe en Jesucristo. Si preferimos quedarnos en la oscuridad en lugar de caminar en la luz, tendremos que aceptar las consecuencias de esta lección, la más grave de las cuales se manifiesta como la presencia de determinadas tendencias malignas en la humanidad.

Una consecuencia de la ceguera espiritual es el odio. Algunas personas están tan llenas de odio, ira y amargura que se les ve en los ojos. En la vida hay muchos problemas sin resolver que conducen a este tipo de odio y de amargura. La ceguera del corazón ha permitido que el odio irradie desde la mirada. No se trata de un problema psicológico que se pueda arreglar con una terapia, sino de un problema espiritual que precisa la luz bendita del evangelio para provocar una transformación.

Otra consecuencia de la ceguera espiritual es la codicia. Cuando miramos algunas personas, vemos que irradian codicia. Solamente piensan en lo que pueden conseguir y en cómo pueden aprovecharse de una circunstancia o de una persona, en cómo salir ganando. Las tinieblas espirituales han inundado sus corazones hasta tal punto que en lo único que piensan es en aprovecharse de la situación que se presenta. Cuando la ceguera impide ver más allá de ti mismo y de los intereses, se convierte en algo espantoso.

El orgullo de la vista es otro aspecto de esta tiniebla espiritual. Las Escrituras la denominan "la vanagloria de la vida", que es precisamente lo que es. Me sorprenden las cosas de las que se enorgullecen las personas hoy día. En la mayoría de los casos se trata de cosas superficiales, éxitos transitorios u honores que carecen de importancia. Las personas se enorgullecen de ganar un partido de baloncesto o de obtener otros éxitos que no cambian ni mejoran la vida en ningún sentido. Hoy día las personas se enorgullecen de cosas que habrían avergonzado a las generaciones anteriores. Las tinieblas espirituales nos impiden reconocer lo que es importante y lo que no lo es. En esta generación padecemos la maldición de lo superficial.

La lascivia de la vista es otra gran calamidad de la destrucción de los nervios ópticos espirituales. Jesús nos advirtió: "Pero yo os digo que cualquiera que mira a una mujer para codiciarla, ya adulteró con ella en su corazón" (Mt. 5:28).

La lujuria es el objetivo final del deseo carnal y su satisfacción, y constituye el fundamento de muchos pecados. No se trata tanto del acto, sino de la intención del corazón. Un ojo lascivo es la gran característica de esta generación, que se manifiesta especialmente cuando vamos caminando por la calle de cualquier ciudad. Miradas lascivas, lujuriosas. Todos los pecados nacen de la semilla de la lujuria y luego se convierten en actos inicuos. "Por qué todo lo que hay en el mundo, los deseos de la carne, los deseos de los ojos, y la vanagloria de la vida, no proviene del Padre, sino del mundo" (1 Jn. 2:16).

Juan nos exhorta a que busquemos al Padre, de modo que cerremos la puerta al mundo y a todos sus atractivos. La luz del evangelio es la que nos guía hacia el corazón del Padre y nos distancia del mundo.

Luego tenemos la incredulidad de la vista. La oscuridad espiritual da como resultado la maldición de la incredulidad. La incredulidad nos impide acercarnos al Padre por medio del Hijo y nos aleja del reino de Dios, empujándonos al reino de este mundo. No hay nada peor que la incredulidad, porque nos aparta de lo que Dios ha planeado para nosotros.

En la mirada de algunas personas espiritualmente ciegas también percibimos la venganza. Alguien les ha hecho algo o les ha dicho algo y su mirada se llena de deseos de vengarse. Ahora buscan maneras de devolver el golpe a quien les hizo daño. La venganza conduce al desánimo y a sentimientos crueles, y no es el estilo de vida de quienes se han convertido de verdad. "No os venguéis vosotros mismos, amados míos, sino dejad lugar a la ira de Dios; porque escrito está: Mía es la venganza, yo pagaré, dice el Señor" (Ro. 12:19).

Los fariseos eran un ejemplo de otra de las consecuencias de la ceguera espiritual: el orgullo espiritual. Consideraban que todos los demás eran inferiores a ellos. Se había constituido el estándar de lo que era correcto y bueno, y se consideraban la máxima expresión de la justicia. Todos los demás estaban equivocados y debían compararse con los fariseos. Seguramente el orgullo espiritual ha hecho más daño al reino de Dios que cualquier otra cosa, pues intenta sustituir la justicia de Dios por la justicia de los hombres, que no es justicia. Solamente hubo un justo, que fue el Señor Jesucristo. Los ojos que reflejan el orgullo espiritual blasfeman de la justicia de Cristo.

Otra consecuencia de la ceguera espiritual es la rebelión. El objetivo de esta rebelión es Dios. La gran calamidad de un nervio óptico espiritualmente entenebrecido es que se rebela contra Dios y contra su autoridad. Desde el punto de vista lógico, la rebelión no tiene sentido. De la rebelión no sale nada bueno, sobre todo en el ámbito espiritual. La rebelión nos aparta de Dios y nos hace caer en los brazos del enemigo del alma humana. Esta rebelión empezó cuando Lucifer dijo: "Seré semejante al Altísimo". Inyectó en la humanidad este espíritu venenoso de rebelión por medio de Eva en el huerto. Desde entonces toda la humanidad ha sido rebelde a Dios.

Lamentablemente, muchos se han aclimatado a las tinieblas espirituales que llevan dentro. Pero esta ceguera interna acarrea unas consecuencias terribles. Es la responsable de todo el dolor y el sufrimiento del mundo moderno. Muchos culpan a Dios del sufrimiento, pero en realidad lo ha creado nuestra rebelión contra Dios.

Esta confusión sobre quién es el responsable de nuestro sufrimiento nace del hecho de que la persona espiritualmente ciega, lastrada con una conciencia pervertida, no es capaz de ver los valores morales. Una vez más, este proceso carece de lógica. Esta ceguera interior no logra apreciar una conciencia pura y unos valores morales positivos. Lo que las personas espiritualmente entenebrecidas consideran bueno es contrario a lo que Dios considera bueno. Llaman bueno a lo malo y malo a lo bueno, debido a su ceguera interior.

Separados de Dios y de su reino

En mi opinión, la consecuencia más grave de la ceguera interna de las personas es el hecho de que no pueden conocer a Dios y a Cristo en ningún sentido íntimo. ¿Tenemos que decir más? A menos que yo conozca a Dios y a su Hijo, el Señor Jesucristo, todo lo demás no importa. La ceguera espiritual me impide traspasar las tinieblas espirituales y venir a la luz, la luz bendita del conocimiento de Dios y de Jesucristo.

El reino de Dios nos rodea, pero quienes padecen una ceguera interna son incapaces de ver este reino y sus valores. Como los valores del reino de Dios están tan alejados de su percepción, crean sus propios valores basados en su propio entendimiento. Dan por hecho que lo que creen que es correcto o incorrecto encaja con los valores de Dios. Después de todo, aspiran a ser como el Altísimo.

Esta ceguera interior tiene otra consecuencia muy perturbadora: las personas que la padecen no pueden estar seguras de que entienden bien la Biblia. Estas personas plantean preguntas o aseveraciones como las siguientes: "¿Es la Biblia realmente la Palabra de Dios?", "¿Qué pasa con los errores que hay en la Biblia?", "¿Por qué hay tantas traducciones?", "Sin duda, la Biblia no es un libro en el que podamos confiar". La persona espiritualmente ciega no puede estar segura de nada respecto a la Palabra de Dios y, por consiguiente, se convierte en una víctima de los vendedores de la falsa doctrina.

Cuando una persona puede ver la Palabra de Dios claramente, reconocer su autoridad y comprender el reino de Dios, nunca se la puede conducir a la falsa doctrina. La luz del glorioso evangelio derramado en nuestros corazones es la que nos permite ver la verdad y caminar en ella. Todos los herejes o los falsos maestros tienen congregaciones cuyos miembros son ciegos interiormente hasta el punto en que no logran ver y comprender la Palabra de Dios. A estas personas se las engaña fácilmente para que crean la falsa doctrina.

Toda esta ceguera interior exponía a la persona a un autoengaño letal. El peor tipo de engaño es el autoengaño. Lleva al infierno a una persona que cree estar de camino al cielo. La persona que se engaña a sí misma dice: "¡Ah, pero hay muchos caminos que llevan al cielo!". Entonces la persona engañada cree que va de camino al cielo. ¡Cómo debe deleitarse el diablo con este engaño, si es que el diablo experimenta algún tipo deleite!

Quienes padecen la ceguera interna que les lleva al autoengaño no son solamente las personas malvadas, sino también las buenas. Sí, a los buenos hombres y mujeres también se les puede engañar para que acaben excluidos del cielo. ¡Qué trágico es vivir toda la vida pensando que vas de camino al cielo y luego descubrir, cuando ya no puedes hacer nada, que estabas engañado!

Recuerda estas palabras que dijo Jesús: "No todo el que me dice: Señor, Señor, entrará en el reino de los cielos, sino el que hace la voluntad de mi Padre que está en los cielos. Muchos me dirán en aquel día: Señor, Señor, ¿no profetizamos en tu nombre, y en tu nombre echamos fuera demonios, y en tu nombre hicimos muchos milagros? Y entonces les declararé: Nunca os conocí; apartaos de mí, hacedores de maldad" (Mt. 7:21-23).

La cura para la ceguera espiritual

¿Cómo podemos evitar que el Señor nos diga estas terribles palabras? Sin duda que hay algo que podemos hacer para evitar que nos engañen. ¿Cuál es la cura? ¿Cómo puedo solventar cualquier tipo de ceguera espiritual que pueda afectarme?

Anímate, porque hay cura. "Porque en otro tiempo erais tinieblas, mas ahora sois luz en el Señor; andad como hijos de luz" (Ef. 5:8). Aquellos hombres y mujeres en otro tiempo caminaron en las tinieblas, pero al final anduvieron como hijos de luz. La esencia de esta transformación fue un encuentro personal con el Espíritu Santo por medio de la Palabra de Dios.

Jesús es la cura y solo el Espíritu Santo puede aplicar este remedio para restaurar la vida de una persona y alejar las tinieblas del alma para siempre.

Jesús proclamó: "El Espíritu del Señor está sobre mí, por cuanto me ha ungido para dar buenas nuevas a los pobres; me ha enviado a sanar a los quebrantados de corazón; a pregonar libertad a los cautivos, y vista a los ciegos; a poner en libertad a los oprimidos; a predicar el año agradable del Señor" (Lc. 4:18-19). La luz está disponible para todos los que la busquen. Este es el secreto. Quienes buscan a Dios con sinceridad y desespero, ciertamente encontrarán la luz gloriosa de su presencia.

Jesús es la luz del mundo

Philip P. Bliss (1838-1876)

El mundo perdido en pecado se vio;
¡Jesús es la luz del mundo!
Mas en las tinieblas la gloria brilló,
¡Jesús es la luz del mundo!

¡Ven a la luz; no debes perder
gozo perfecto al amanecer!
Yo ciego fui, mas ya puedo ver,
¡Jesús es la luz del mundo!

La noche se cambia en día con Él:
¡Jesús es la luz del mundo!
Y andamos en luz tras un Guía tan fiel,
¡Jesús es la luz del mundo!

¡Oh, ciegos y presos del lóbrego error!
¡Jesús es la luz del mundo!
Él manda lavaros y ver su fulgor,
¡Jesús es la luz del mundo!

Ni soles ni lunas el cielo tendrá,
¡Jesús es la luz del mundo!
La luz de su rostro lo iluminará,
¡Jesús es la luz del mundo!

Trad. Henry C. Thompson

8

LA BATALLA INTERMINABLE POR LA MENTE

Padre que estás en los cielos, estoy cansado de los ataques insidiosos del enemigo que intenta separarnos. Mi único consuelo de esta guerra espiritual es el consejo que me das en las Sagradas Escrituras. Cuando inundo mi mente de tus promesas, descubro libertad de la tiranía del enemigo de mi alma. Te doy las gracias porque tu consejo me aparta del mundo y me lleva hacia el corazón de Dios. Amén.

A lo largo de las Escrituras, tanto en el Antiguo como el Nuevo Testamento, hay dos consejos que funcionan oponiéndose el uno al otro. Están en guerra entre sí para conquistar la mente humana, luchando por obtener el control de este tesoro semejante a Dios. En nuestro mundo lleno de luchas, esta es la máxima batalla.

Alguien controla tu mente. La pregunta es: *¿Quién?*

Antes de abordar esta cuestión, debo explicar lo que quiero decir con "mente humana". La mente es la totalidad de la personalidad intelectual y moral de una persona. Incluye la razón, la percepción moral, el pensamiento, la imaginación y las respuestas mentales y morales a los acontecimientos de nuestra vida. La mente humana es un instrumento que tiene un poder impresionante y un potencial increíble, porque determina la conducta, el carácter y el destino final de un individuo, de las naciones y de toda la raza humana. En el mundo creado por Dios no hay nada comparable a la mente humana.

Sin embargo, a pesar de su poder, la mente humana está indefensa por sí sola; está controlada por un consejo. Se la puede diluir, cegar, manipular y engañar mediante malos consejos (vemos ejemplos de esto todos los días). Creo que todas las personas tienen el mismo potencial, pero no todas ellas son conscientes de todo el potencial de su mente. A una persona se la puede apartar de poner por obra su máximo potencial si se la bloquea en cosas que no son importantes, muchas de las cuales ya hemos mencionado.

En el otro extremo, la mente humana puede elevarse hasta cotas de la inmortalidad más pura. Si lees libros de historia y biografías, descubrirás a hombres y mujeres que se plantaron, desafiaron sus circunstancias y cambiaron sus generaciones; son personas recordadas durante toda la historia.

El destino de la mente humana depende del tipo de consejo que reciba. Dependiendo de ese consejo, se la puede conducir a las profundidades de la depravación o a las alturas inmortales.

Ahora bien, déjame que te explique qué quiero decir con "consejo". Me refiero a esa presión moral e intelectual que contribuye a determinar qué dirección seguirá una vida. Hay muchas presiones que compiten para desempeñar ese papel.

Puede que alguien proteste y diga: "Creo en el libre albedrío". El único motivo por el que crees en el libre albedrío es que te has visto sometido a algún poder que te ha inducido a avanzar en esa dirección. Lo cierto es que no se te ha ocurrido a ti solo.

Tal como digo, la mente humana depende sustancialmente de un consejo. Es como un instrumento musical. Por ejemplo, el piano puede interpretar una música macabra y desmoralizante o una doxología triunfante sobre la vida inmortal. El piano tiene 52 teclas blancas y 36 teclas negras, lo cual hace un total de 88 teclas. Da lo mismo el tipo de canción o el estilo de música que desees interpretar: bajo tus dedos siempre tienes el mismo número de teclas. El estilo de música dependerá de quien pulse esas teclas, de quien ejerza presión sobre una secuencia determinada de teclas.

El pianista determina el tipo de música que surgirá del instrumento. Lo mismo pasa con nuestra mente. Quien ejerza presión sobre tu mente en un momento determinado establecerá tu pensamiento e influirá en la dirección en la que avanzarás a continuación.

La mente es como un campo de tierra rica y fértil. Este campo puede producir cardos, espinos y otras malas hierbas inútiles que no benefician a nadie. También puede producir fruta dulce y grano bendecido por la luz del sol. Es la misma tierra, bajo el mismo sol, pero produce frutos distintos. La diferencia estriba en la semilla plantada en ese campo.

La esclavitud de la mente

Actualmente se libra una guerra para esclavizar la mente humana. El enemigo del alma humana no se detendrá ante nada para capturar y controlar el pensamiento de los hombres y mujeres de nuestra generación. Si puede controlar su pensamiento, podrá controlar su destino, lo cual es su objetivo. En su esfuerzo para decidir el destino de la humanidad, el enemigo (Satanás en persona) emplea dos tipos de esclavitud.

Primero tenemos la esclavitud del cuerpo, mediante la cual alguien controla la conducta de una persona mediante la fuerza física. Quizá esta sea la esclavitud más fácil que Satanás tiene sobre la humanidad. Las adicciones de nuestra generación y de nuestra cultura han esclavizado a millones de personas. Justo cuando parece que hemos controlado una adicción, aparecen otras tres que asolan una generación. La víctima conoce su estado y anhela la libertad personal, pero está tan atrapada en su adicción que la liberación le parece imposible.

Luego tenemos la esclavitud intelectual, que consiste en el control de la mente de la persona mediante las ideas que se le suministran. Se trata de un tipo más sutil de esclavitud, y por consiguiente es mucho más peligroso que la esclavitud del cuerpo. Cuando alguien es adicto a una sustancia, esto es evidente para quienes le rodean. Sin embargo, cuando la mente se ve controlada por ideas externas, puede ser muy difícil detectarlo. Esta es la estrategia encubierta del enemigo para dominar a una persona o personas. Hay culturas enteras dominadas por ideas falsas que se aceptan sin que existan pruebas tangibles. Las mismas personas esclavizadas divulgan estas ideas sin entender siquiera el papel que juegan en este engaño.

En este caso, la dinámica consiste en que la obediencia se presta voluntariamente. Las personas no están obligadas a obedecer una forma de pensar determinada. De hecho, algunos creen que la idea se les ha ocurrido a ellos. Así de sutil es el enemigo del alma humana. La tragedia es que la víctima no es consciente de que la controlan; permite voluntariamente que algo externo conforme y dirija su mente.

El enemigo propaga su consejo por medio de todas las técnicas y métodos imaginables: los medios de comunicación, la educación, la psicología moderna, la radio, la televisión, la música, la publicidad y muchos otros. Su objetivo es obligar a toda alma viviente a tener pensamientos impíos sobre la vida, la moral, el amor, Dios, la religión, la riqueza, el trabajo, el matrimonio, el futuro, la muerte y la eternidad. Que todos sean una única familia feliz, donde todos piensan lo mismo. ¡Qué conveniente para el enemigo y que terrible para esa cultura!

Los dos consejos

La única diferencia entre las mentes humanas es la presión determinada que se ejerza sobre ellas en un momento dado.

Quien ejerza presión sobre tu mente determinará tus valores y la dirección en la que avances.

Hay dos consejos, el consejo de los impíos y el consejo del Señor, que luchan por el control de la mente humana. Estos dos consejos son diametralmente opuestos. No puedes quedarte con un poquito de cada uno; es una cosa u otra. O bien sigues el consejo del mundo, o bien sigues el consejo del Señor. Estos consejos llevan a direcciones opuestas. Si vas hacia el este, no puedes ir hacia el oeste al mismo tiempo. Debes ir en una dirección o en otra, y el consejo que sigas determinará esa dirección. Así que, ¿a qué consejo prestas atención?

El consejo de los impíos

Primero veremos el consejo de los impíos que, cuando se sigue, conduce a una vida de maldad y de libertinaje. Defino el consejo de los impíos como, en términos generales, la forma de pensar de quienes no conceden a Dios el lugar que le corresponde por derecho en sus vidas. Creo que este es el punto de partida. Luego puede sumirse en las profundidades de la maldad y la depravación, como las que vemos en nuestra generación. En mi opinión, cada generación descubre un nuevo punto bajo en esta área de la depravación, que describe una espiral siempre descendente.

¿En qué consiste exactamente este consejo impío? ¿Cómo podemos describirlo?

Dicho en términos sencillos, es el consejo del hombre natural, no renovado. Este hombre no ha sido regenerado, y todavía transita por los cenagales tenebrosos de la depravación. Admito que el hombre no regenerado puede remontarse muy alto por los cielos de la intelectualidad, la filosofía, la poesía e incluso la religión. El consejo impío significa, simplemente, una forma de pensar que no tiene en cuenta a Dios en sus presupuestos. Esta es una idea clave. El hombre no regenerado aceptará a gusto facetas de Dios que le agraden, pero no aceptará a Dios en los términos en que este determina.

Debo decir en este punto que Dios nunca negocia con los hombres. La muerte de Jesucristo en la cruz puso fin a todo tipo de negociaciones. Ahora se trata de Cristo o nada. Ahora aceptamos la Palabra de Dios en su totalidad, o la rechazamos del todo. Al hombre no regenerado le gusta tomar la Palabra de Dios y elige las porciones que no le parecen ofensivas, como las de "amar al prójimo" o "respetar a las personas, en especial a los padres". En estas cosas no hay nada malo, pero son solo porciones de la verdad de Dios.

El hombre no regenerado, que emplea un consejo de impíos, elegirá las partes de la Palabra de Dios que quiere aceptar, pero el consejo impío nunca tendrá en cuenta la frase "así dice Jehová". El hombre no regenerado se niega a inclinarse ante la autoridad de la Palabra de Dios.

Este consejo de los impíos se convierte en la propaganda de nuestra cultura. Genera una presión que dirige las vidas de los hombres. Parece inofensiva, y superficialmente incluso positiva. Pero no llega muy lejos, y, como resultado, lo único que hace es apartar a las personas de Dios. Vivimos en una era de propaganda. Todo está afectado por este paradigma propagandístico.

La propaganda te dice qué dentífrico debes comprar. Ahora bien, en mi humilde opinión, el dentífrico es dentífrico, pero si prestas atención a la propaganda, esta te dirá que ese dentífrico concreto es superior a todos los demás. El público acaba creyéndoselo, y sale y compra esa pasta de dientes concreta. La presión ejercida por la propaganda pretende controlar todo lo que hay en nuestra vida, desde lo que hacemos y adónde vamos, hasta lo que compramos y cómo enfocamos las cuestiones sociales.

La máquina propagandística conduce a los cargos públicos a hombres y mujeres. Como debiéramos haber aprendido de Adolf Hitler, la propaganda no expone necesariamente la verdad. La

94

filosofía propagandística de Hitler sostenía que, si uno dice algo el tiempo suficiente y con el volumen necesario, la gente empieza a creer que es cierto. Esta es la esencia de la propaganda. Si dices algo con el volumen adecuado y durante el tiempo suficiente, y dentro del contexto idóneo, la gente creerá que es cierto, y esa afirmación pasará a nuestros libros y a nuestro sistema educativo.

Lamentablemente, esta idea ha logrado abrirse camino en la Iglesia de Jesucristo. Ninguna otra generación se ha visto tan influida por la propaganda como la nuestra. Personalmente no creo que el evangelio de Jesucristo sea conducente a métodos propagandísticos. El evangelio no es cierto porque digamos convincentemente que lo es; es cierto porque "así dice Jehová".

En manos de los consejeros impíos, la propaganda se convierte en un credo, un ideal y en lo que es correcto hacer. Nadie es más religioso que un propagandista. El secreto de la propaganda consiste en predicar algo el tiempo suficiente como para que la gente empiece a creer que es cierto y adapte su vida a ello.

El consejo impío está en todas partes, es contagioso y casi irresistible. Con esto quiero decir, simplemente, que funciona. Vende mercancía. Elige a políticos. Incluso llena iglesias. Si usted cuenta con la propaganda correcta, puede hacer todo lo que quiera. Tiene el poder de controlar la manera en que los hombres y mujeres piensan en lo que sea. Este poder se transmite mediante la conversación, la literatura, el teatro y el cine, la prensa y, por supuesto, la radio y la televisión. Buena parte de nuestra industria en Estados Unidos se vendría abajo si no fuera por el terrible poder de la propaganda. El consejo impío depende para su supervivencia de este poder de la propaganda.

La propaganda controla la mente de todo el mundo, independientemente de cuánto se jacte alguien de su libertad. Algunos afirman que son pensadores libres, pero llegaron a esa conclusión debido a una propaganda determinada. Solo hay una excepción; hablo de quienes se rebelan contra el consejo impío y aceptan el consejo del Señor.

Las mentiras perpetuadas por el consejo impío

El consejo de los impíos (el consejo de la incredulidad enraizada en el corazón de todo hombre y mujer no regenerados) comete un error de cálculo letal. Da por hecho el valor permanente de las cosas visibles. No tiene en cuenta lo invisible, pero todo lo visible y tangible tiene, según sus cálculos, un valor duradero. Resulta difícil saber de dónde procede esta idea. Si tienes una cierta edad, te habrás dado cuenta de que pocas cosas son permanentes. Todo lo visible a nuestro alrededor se deteriora constantemente. En nuestro hogar, por ejemplo, siempre hay cosas que hay que reparar o sustituir, porque no hay nada permanente.

Quienes siguen el consejo de los impíos viven como si no hubiera otro mundo que este en que vivimos.

La propaganda del consejo impío presiona al individuo para que se aleje de Dios. Se convierte en una costumbre y en una forma de vida. El hombre natural es incapaz de resistirse a esta propaganda, que manifiesta su terrible poder mediante el lavado de cerebro.

El consejo impío asume la permanencia de las cosas terrenales y la salud de una naturaleza humana no renovada.

Es el consejo de la tolerancia, que enseña la hermandad de todos los hombres y olvida la intolerancia de la Biblia y de Cristo. Nadie fue más intolerante que Jesucristo. Simplemente lee sus enseñanzas (ver Mt. 6:24; Lc. 14:27). Jesús manifestó una actitud de intolerancia frente a los líderes religiosos de su tiempo. En Juan 8:44 dijo:

> Vosotros sois de vuestro padre el diablo, y los deseos de vuestro padre queréis hacer. Él ha sido homicida desde el principio, y no ha permanecido en la verdad, porque no

hay verdad en él. Cuando habla mentira, de suyo habla; porque es mentiroso, y padre de mentira.

Esto no me parece una tolerancia blanda hacia todo el mundo, de la que dice: "Vamos a llevarnos bien".

El consejo impío es también el que procede de la carne no crucificada. Mima a nuestro ego y elude, a toda costa, el sacrificio en la cruz.

El consejo de la maldad es el que tolera las excusas, pasa por alto el pecado e ignora la responsabilidad moral. Por muy malvada que sea una persona, siempre tiene un motivo para hacer lo que hizo. Desde su punto de vista, esos motivos, sean cuales fueren, le liberan de toda responsabilidad personal.

Es el consejo de la carne, que favorece los apetitos carnales del ser humano y no deja espacio para el Espíritu de Dios. Toda decisión se basa en algún apetito carnal, impulsando aún más a la persona en la dirección de sus deseos carnales.

Este consejo de los impíos traiciona el bienestar del individuo, alejándole del sabio consejo de Dios.

El consejo del Señor

Entonces encontramos el consejo del Señor:

¡Tierra, tierra, tierra! oye palabra de Jehová (Jer. 22:29).

Lámpara es a mis pies tu palabra, y lumbrera a mi camino (Sal. 119:105).

¿Con qué limpiará el joven su camino? Con guardar tu palabra. (Sal. 119:9).

Lee Proverbios 2:1-9; 4:1-13. El consejo del Señor es el consejo de la sabiduría. Responderá a las cuatro preguntas permanentes: *¿Qué soy? ¿De dónde vengo? ¿Por qué existo? ¿Adónde voy?* Estas preguntas exigen respuestas concretas que solo proceden del consejo del Señor.

El consejo de la sabiduría también responde a la pregunta: *¿Qué haré para tener la vida eterna?*

El consejo del Señor es el consejo de la eternidad; permanecerá para siempre. El consejo del Señor permanecerá cuando tu vida, la raza humana e incluso el tiempo ya hayan dejado de existir:

> Y juró por el que vive por los siglos de los siglos, que creó el cielo y las cosas que están en él, y la tierra y las cosas que están en ella, y el mar y las cosas que están en él, que el tiempo no sería más (Ap. 10:6).

Es el consejo de la pureza, que no tiene relación alguna con la contaminación de ningún tipo, lo cual es casi imposible en la sociedad moderna. El consejo de los impíos que encontramos a nuestro alrededor contradice este consejo de la pureza. Vivimos en una sociedad de impureza, que es una de las señales de la impiedad. El consejo de la pureza enfatiza la separación del mundo y un apego radical a Jesucristo.

El consejo de la pureza resolverá los problemas urgentes de la corrupción social, el crimen, la delincuencia, el divorcio y la pureza personal. Si solventamos estos factores, la sociedad humana florece como una rosa en un jardín bien cuidado. El consejo de la pureza extraerá de este mundo el veneno infeccioso del pecado.

El consejo de la pureza llega y limpia a hombres y a mujeres: "Ya vosotros estáis limpios por la palabra que os he hablado", dijo Jesús (Jn. 15:3). No hay ninguna otra limpieza disponible excepto la que viene "por la palabra". Este es ciertamente el consejo del Señor para introducir la esencia de la pureza en las vidas de los hombres y las mujeres redimidos; no una pureza aprobada por el mundo, sino aquella que es el estándar de Dios.

El consejo del Señor es el consejo de la paz. Vivimos en un mundo repleto de corazones inquietos, conciencias atribuladas, pastillas, psiquiatras y libros sobre el pensamiento positivo. Parece que ninguna de nuestras empresas produce la paz que anhela sin cesar el corazón humano.

El consejo del Señor aborda el conflicto en la naturaleza humana, el que existe entre la eternidad de nuestros corazones y la mortalidad en nuestras manos. El consejo del Señor permanecerá para siempre.

El consejo del Señor transforma eficazmente nuestra forma de pensar, apartándonos del mundo y llevándonos al seno de Aquel que nos amó y se entregó a sí mismo por nosotros. La vida de cada persona es un reflejo del consejo al que se ha sometido, y que ha permitido que conforme sus prioridades e intereses. Bendito el hombre que se ha sometido sin reservas al consejo del Señor.

Permanecer y confiar
Albert B. Simpson (1843–1919)

He aprendido el glorioso secreto
de vivir en el Señor;
he hallado mi fuerza y dulzura
de confiar en su amor;
he gustado la fuente de vida,
de su sangre ya bebí,
me he perdido en mi Jesús,
y en mi Dios ya me escondí.

Con Cristo estoy en la cruz,
y Él vive y habita en mí;
mi lucha acabó por su luz,
y su vida es para mí;
le entrego mi voluntad,
su espíritu reina en mi vida,
y su sangre preciosa y su verdad
me limpian e impiden mi caída.

Echo en Él todas mis cargas,
que poderoso soporta;
le cuento mis penas amargas,
y su paz Él siempre otorga.
En Jesús hallo mis fuerzas,
y su aliento me sostiene;
su pensamiento me llena,
su vida y su amor me ofrece.

No mis palabras, sino su sabiduría,
el poder de su Espíritu para mis obras,
su presencia de gracia en mi vida
me guarda y me guía a toda hora;
de mi alma la porción eterna,
de mi gozo la fuente infinita,
me salva, santifica y me preserva:
mi Rey amado y mi Señor de gloria.

Permanezco en el Señor,
en su Palabra reposo,
y me oculto en el amor
de su seno poderoso.

9

Una mentira letal y cómo enfrentarla

Oh, Jesús, Verdad viva de la que fluye toda verdad, te honro en mi vida en este día. Te ruego que no me aparte de tu verdad debido a las mentiras ingeniosas que el enemigo me presente. Que por tu bendito Espíritu Santo escudriñe tu Palabra, tu Palabra viva, mediante la cual mi corazón, mi mente y mi vida están fijos en el Señor Jesucristo, y soy transformado a su imagen día a día. Amén.

La mente humana tiene una naturaleza tal que es fácil engañarla. Incluso poseer una gran cantidad de conocimientos no supone una garantía de que no te engañarán nunca. La actitud más peligrosa que se puede tener es la que dice: *Sé tanto que nadie me podrá engañar.* Esta actitud ha llevado a muchas personas por el camino del engaño.

Cuando engañan a una persona, es probable que cometa errores. Por ejemplo, a un ingeniero se le puede engañar si dispone de una información incorrecta, que provocará errores en su diseño. Estos errores pueden hacer que el nuevo edificio o puente no sean sólidos y se vengan abajo fácilmente. Un médico puede equivocarse respecto al significado de las pruebas clínicas, y luego cometer un error en su diagnóstico. Las consecuencias pueden ser devastadoras.

Por potencialmente peligrosas que sean estas cosas, las consecuencias de los errores provocados por el engaño son más terribles cuando se producen en el campo religioso. Estos errores no afectan solamente a esta vida, sino también a la venidera. Hay que tener mucho cuidado con todo lo que afecte a la eternidad. Cuando hablamos de la eternidad, debemos asegurarnos de que tenemos una verdad limpia de todos los errores.

El corazón humano siente una fuerte aversión a la verdad desnuda de la Biblia. Para que el corazón humano se sienta atraído por la verdad bíblica, se lo debe avivar un poco con cosas sin importancia. Este es el motivo de que en la iglesia moderna existan tantos objetos destinados a inspirar y tantas baratijas religiosas.

El corazón humano no acepta la verdad desnuda tal cual. Siempre busca la verdad más algún aditivo que la haga digerible. El motivo simple de esto es que la verdad raras veces halaga nuestra vanidad humana. La verdad nos dice en qué nos equivocamos y dónde hemos de introducir cambios, y a la vanidad humana eso no le gusta nada. La verdad es un capataz severo, y exige todo o nada. Debido a nuestra aversión a la verdad, hemos aceptado la antigua canción que dice: "Con un poco de azúcar esa píldora que os dan satisfechos tomaréis".

Este es el problema con la verdad y la vanidad humana. La vanidad humana quiere negociar y guardarse algún secretillo a modo de mascota, mientras que la verdad insiste en descubrir todos los aspectos. A nadie le gusta descubrir que hay una parte de su vida o de su pensamiento que no está bien, pero la verdad es implacable con todas las incoherencias.

El hombre prefiere vivir en las brumas doradas de la ilusión que en las cumbres heladas de la verdad. A la vanidad humana le resulta más fácil creer una mentira atractiva que aceptar la cruda verdad. Esto ha facilitado bastante el engaño, como resultado de lo cual los herejes han salido ganando.

"El que no naciere de nuevo, no puede ver el reino de Dios", enseñó Jesús (Jn. 3:3). Esta ceguera facilita imponer a las personas ideas y formas de pensar que contradicen la verdad bíblica sólida. El ámbito donde esto resulta más peligroso es el religioso. Los espíritus malignos condenan a hombres y a mujeres, el cuerpo y el alma, dándoles una fe falsa. Este ha sido el arsenal de las sectas a lo largo de los tiempos.

Sin embargo, lo que más me interesa son los cristianos evangélicos. En nuestro anhelo por alcanzar para Cristo a hombres y a mujeres, hemos intentado que la verdad sea digerible para el hombre natural. Al no querer ofender a nadie, ni ser acusadores, intentamos que la Biblia encaje en la cultura que nos rodea.

Cuestión de confianza

Uno de los elementos esenciales de la vida es la confianza. Todo lo demás se edifica sobre este concepto fundamental de la confianza. Este conforma quiénes somos al determinar nuestra escala de valores y, por supuesto, nuestra vida. Las cosas en las que deposites tu confianza determinan, en gran medida, la calidad de tu vida.

Algunos ponen su confianza en la economía. La acumulación de una gran cantidad de riquezas les proporciona una gran paz y contentamiento. Como el avaro que se consuela contando su dinero todas las tardes, hoy día muchas personas encuentran una especie de consuelo falso cuando ponen su confianza en su economía.

Otros ponen su confianza en su educación y en su capacidad de hacer cosas. Para una persona no hay nada tan satisfactorio como conseguir algo importante. Cuando una persona confía en su capacidad de hacer algo, sea lo que fuere, disfruta de un alto grado de satisfacción, al menos durante un tiempo.

Podría darte una larga lista de ejemplos de cómo aquello en lo que depositamos nuestra confianza nos ofrece cierto grado de confort y de satisfacción, pero creo que la idea está clara. Las cosas en las que ponemos nuestra confianza nos dan paz, tanto si esta se basa en la verdad como en mentiras. Si nuestra confianza se basa en una mentira, solo durará lo mismo que esta. Una vez se descubra la mentira, la confianza se hundirá.

Dime en qué está arraigada tu confianza y podré describir tu vida con bastante precisión. Tu vida es tan sólida como lo sea tu confianza. Es como unos cimientos, que determinan lo grande que puede ser un edificio. Si alguien intenta construir un edificio que supere la resistencia de los cimientos, en el futuro la construcción se vendrá abajo.

Por lo tanto, tú basas tu confianza en la verdad o en la mentira. Lamentablemente, la inmensa mayoría de personas ha puesto su confianza en algo que luego ha demostrado ser mentira. Tenían toda la intención de creer que aquello en lo que confiaban era la verdad absoluta, pero resultó no ser así.

Quiero etiquetar esta mentira como algo letal. Con esto quiero decir que es una mentira diseñada concretamente por el enemigo del alma humana para destruir a quienes crean en ella. Su naturaleza es tal que hace que todas las personas que confían en ella se aparten de Dios y de su gracia. Como cristianos, tenemos la obligación de detectar esta mentira letal y desmontarla. La única manera eficaz de hacerlo es exponiendo la verdad. La mejor manera de demostrar que una vara está torcida es poniéndola al lado de otra que no lo esté. Ni siquiera hace falta decir nada.

Las mentiras letales

Déjame enumerar algunas de las mentiras en las que han confiado hombres y mujeres. Confiaron en que estas cosas eran ciertas porque otros hombres y mujeres dignos de confianza les dijeron que lo eran. Quizá fue un pastor, un profesor de escuela dominical o un abuelo. Aunque es posible que la persona que contó esa mentira tuviera la mejor intención del mundo, la mentira solo tiene un objetivo, que es la destrucción.

La primera mentira que quiero señalar es la que dice que puedes amar el mundo y, aun así, ser salvo.

Sansón quedó atrapado por su mentira. Sabía que Dios le había llamado para un propósito concreto en sus planes. No se oponía a hacer la obra de Dios, pero también quería disfrutar de los placeres del mundo. El Señor dijo que ningún israelita debería tener nada que ver con los filisteos. Aun así, Sansón miraba con ojos soñadores al otro lado de la valla teológica, y deseó a una mujer filistea.

Sansón creía que podía cumplir la misión de Dios y disfrutar también de las cosas del mundo. Hoy día muchos creen lo mismo: que si son buenas personas, al menos en su propia opinión, Dios lo comprenderá y lo aceptará. Después de todo, se nos dice, nadie es perfecto. Sin embargo, hay alguien que sí lo es: el Señor Jesucristo; y en las Escrituras se nos exhorta a poner su mente en nosotros. En el juicio final se nos comparará con Él.

Otra mentira que parece seguir gozando de buena salud es que el infierno no existe. Las personas que están convencidas de la inexistencia del infierno suelen ser las mismas que felicitan a Jesús por ser tan buen maestro. Aquí hay algo que no encaja. Jesús, más que ninguna otra persona de las Escrituras, enseñó que existe un infierno. Es incoherente calificarle de buen maestro y, sin embargo, no creer lo que Él dijo que era cierto.

Esta mentira sobre el infierno se ha popularizado por medio de la repetición constante. Si uno dice algo el tiempo suficiente, la gente empezará a creerlo. A la mayoría no le interesan las pruebas de la veracidad de algo así. Si la persona correcta les dice algo, van a aceptarlo, creerlo y confiar en ello. En nuestra cultura, las celebridades tienen más peso que los teólogos piadosos, y la gente cree lo que ellas les cuentan.

A Jesús se le acepta como autoridad en muchas cosas como, por ejemplo, el amor de Dios y el cielo, pero no se le considera así respecto a otra cosa que enseñó: el infierno. Si lo que dijo Jesús sobre tales cosas es cierta, ¿por qué no creer lo que dijo sobre el infierno?

Estoy de acuerdo en que hablar del infierno no es popular. Sin embargo, si es cierto, y Jesús enseñó que lo es, hay que enseñarlo. La idea popular que dice que un Dios de amor no podría enviar a nadie al infierno carece de fundamento bíblico que la respalde.

③ Otra de las mentiras que rondan por ahí dice que tras la muerte ya habrá tiempo de arrepentirse. Puedes vivir tu vida como te plazca. Dios entiende que nadie es perfecto, y después de la muerte todos tendremos la oportunidad de arrepentirnos en algún purgatorio. Sin embargo, las Escrituras enseñan algo diferente. Déjame repetir que cada mentira del enemigo va destinada a apartarnos de la verdad de Dios y condenar nuestras almas.

El escritor del libro de Hebreos lo deja muy claro: "Y de la manera que está establecido para los hombres que mueran una sola vez, y después de esto el juicio" (He. 9:27). Después de la muerte no hay tiempo para arrepentirse; más bien llega el juicio. La mentira que me dice que tengo mucho tiempo, y que no tengo que inquietarme, es una mentira que nace en el propio infierno.

④ Otra mentira popular es que nuestras buenas obras nos salvarán. Si cuestiono esto, algunos me acusarán de estar en contra de las buenas obras. No es así. Creo que debemos hacer todas las buenas obras que podamos. Nuestro Señor, cuando estaba en este mundo, fue haciendo el bien, y nosotros hemos de hacer lo mismo. Pero el propósito de las buenas obras no es cambiarnos, y mucho menos salvarnos; es una demostración de nuestro cambio interno. Ninguna obra puede cambiar nuestro estado biológico. Ninguna obra tiene el poder de cambiarnos por dentro. Un hombre, aunque durante toda su vida haya hecho buenas obras, sigue siendo pecador.

El apóstol Pablo escribe sobre esto:

¿Qué, pues, diremos que halló Abraham, nuestro padre según la carne? Porque si Abraham fue justificado por las obras, tiene de qué gloriarse, pero no para con Dios. Porque ¿qué dice la Escritura? Creyó Abraham a Dios, y le fue contado por justicia. Pero al que obra, no se le cuenta el salario como gracia, sino como deuda; mas al que no obra, sino cree en aquel que justifica al impío, su fe le es contada por justicia (Ro. 4:1-5).

5. Otra mentira que apenas se cuestiona es que Dios es demasiado bueno como para castigar. Esto pone en duda las leyes de Dios. ¿Para qué son? ¿Ignorará Dios sus propias leyes? ¿Qué propósito tiene que Dios las establezca?

Esta mentira sugiere que Dios ignorará las leyes que ha creado desde la fundación del mundo y dejará que la gente haga lo que quiera sin que haya consecuencias. Si creo que puedo hacer lo que me apetezca, no tengo por qué tener en cuenta una autoridad superior. Hago lo que quiero y Dios respetará mi actitud, porque es demasiado bueno como para infligirme un castigo, independientemente de cómo haya desobedecido sus leyes.

6. En el otro extremo, algunos creen erróneamente que las ordenanzas les salvarán. Si logramos cumplir las ordenanzas y los rituales, todo irá bien. Me apresuro a señalar que la naturaleza de una persona no puede cambiarse con ordenanzas. Bautizar a una cabra no la convertirá en oveja. Digamos que un hombre ha vivido impíamente y llega al momento de su muerte. La gran mentira que se perpetúa es que si un líder religioso realiza la ordenanza o el ritual correcto, o le administra la extremaunción, se salvará. En esos últimos instantes, ese hombre malo tomó la comunión, o alguien realizó a su favor un ritual, de modo que se salva.

Mi pregunta es esta: *Si puedo cambiarle al final de su vida, ¿por qué no le puedo cambiar antes de que llegue este?* Si esos ritos son tan poderosos, debería ser posible tomar a un hombre muy malo, en cualquier momento de su vida, bautizarle, darle la comunión, someterlo a todos los ritos religiosos disponibles y ver cómo cambia dramáticamente convirtiéndose en un hombre bueno y justo. Pero las cosas no funcionan así.

Veamos una mentira más en esta categoría, y quizá la más destructiva de todas: que el conocimiento de la Biblia es suficiente. Con solo saber lo que enseña la Biblia, ya lo tengo todo. Si he aprendido todos los relatos bíblicos en la escuela dominical, ese conocimiento me bastará para el resto de mi vida.

Sin embargo, una cosa es conocer la Biblia y otra distinta permitir que esta transforme a fondo nuestra vida y nuestro pensamiento. La Biblia es la verdad sobre la cual fundar nuestra confianza. Todas las demás cosas son mentiras, y no serán suficientes para vivir.

La clave para superar las mentiras del enemigo no consiste en meramente conocer la Biblia; supone conocer la Palabra viva, que no es otra que el Señor Jesucristo. Recuerda lo que dijo el compositor de himnos: "Te busco más allá de la página escrita, Señor". La Biblia no es una novela que se pueda disfrutar, y luego cerrarla y guardarla hasta la próxima sesión. La Biblia nos pone cara a cara frente a Jesús.

La pregunta se reduce a esto: *¿En qué basas tu confianza?*

La única confianza válida es la que se edifica sobre "así dice Jehová". Es fácil engañar a la mente humana, pero el corazón influido por el nuevo nacimiento basa su confianza en la Palabra viva, que no deja lugar al engaño. La Palabra de Dios es el fundamento sólido sobre el que podemos alzarnos cuando combatimos las mentiras letales del enemigo, y mientras levantemos nuestras vidas sobre este fundamento de la verdad, comprobaremos que estamos firmemente sujetos a la "Roca de la eternidad".

Dios omnipotente

Henry F. Chorley (1808-1872)
y John Ellerton (1826-1893)

¡Dios omnipotente! Rey que ordena
el trueno cual clarín, el rayo cual su espada;
muestra su piedad allá en los cielos:
da tu paz en mis tiempos, oh, Señor.

¡Dios de misericordia! El mundo ha olvidado
tus caminos tan santos, despreciando tu palabra;
no dejes que tu ira despierte sus terrores:
da tu paz en mis tiempos, oh, Señor.

¡Dios de toda justicia! El mundo te deifica;
mas por la eternidad permanece tu palabra.
La mentira y el mal no están en tu presencia:
da tu paz en mis tiempos, oh, Señor.

¡Dios que todo provee! El mundo por tu vara,
libertad y verdad conocerá de nuevo;
en la espesa tiniebla tu reino ya se acerca:
darás paz en mis tiempos, oh, Señor.

10

La reprensión fiel de Dios al pueblo de su pacto

Oh, Dios, te ruego que avives mi corazón y no me permitas tolerar aquellas cosas que te ofenden. Me he acostumbrado a mi superficialidad; repréndeme, Señor, y hazme abandonar mi conducta pecadora, de modo que te complazca con mi vida. No me interesa complacer al mundo que me rodea, sino a Cristo que vive en mí. Me entrego al escrutinio de tu bendita Palabra y acepto tus juicios, para seguir avanzando por el camino recto y estrecho. En el nombre de Jesús, amén.

Malaquías, que profetizó justo después del regreso de Israel del exilio, definió así su mensaje al pueblo de Dios: "Profecía de la palabra de Jehová contra Israel, por medio de Malaquías" (Mal. 1:1). El exilio había sido un juicio por el pecado del pueblo, y ahora volvían a estar sumidos en él. El mensaje de Malaquías para ellos debía ser, como dicen algunas versiones, una "carga". Estoy seguro de que, cuando pronunció esas palabras, su corazón se rompía al ver el estado de su propio pueblo.

La condición de Israel en aquel tiempo es un reflejo del cristianismo general de nuestros tiempos. Podemos jactarnos de nuestras liberaciones en el pasado. Podemos celebrar nuestra "libertad en Cristo". Pero nos enfrentamos a la condición idéntica que reclamó la liberación divina de nuestros antepasados:

celebramos la victoria mientras olvidamos el camino largo y desgarrador que condujo a esa victoria.

Cuando examinamos la historia, una de las conclusiones más amargas que podemos sacar en el campo de la religión es que la historia solo nos enseña que no nos enseña nada. La generación presente no ha aprendido de la generación pasada, y es improbable que la generación futura aprenda nada de la presente. Este es un comentario deplorable sobre una generación que dispone de más tecnología y recursos a su disposición que cualquier otra generación anterior. En la historia no hay un solo hecho o suceso sobre el que hoy no podamos informarnos. Para Dios debe ser exasperante, por decirlo en términos humanos, ver a su pueblo sumido en semejante círculo vicioso reiterativo.

Muchos conceden un gran valor a la experiencia, pero las experiencias no valen nada a menos que nos entreguemos por completo a Dios. De hecho, podríamos decir que nada tiene valor a menos que hayamos llegado al punto de entregarnos a Dios. Gracias a nuestra entrega es cuando Dios puede empezar a usarnos y a bendecirnos. Hasta que nos entreguemos, nuestro valor es bastante cuestionable.

¿De qué nos sirve la experiencia si no nos conduce a Dios? Aquí radica el potencial para una gran tragedia. Pensemos en la tragedia del sufrimiento desperdiciado. Una persona atraviesa un sufrimiento terrible y llega al otro lado vacía y sin haber aprendido nada. Lo mismo sucede con el dolor. ¿De qué sirve pasar por una experiencia dolorosa si no nos hace ser mejores?

A veces evaluamos una experiencia en función de lo que una persona ha sufrido, pero Dios valora la experiencia en la medida en que nos acerca a Él. Debo señalar que muchas veces la religión se interpone entre nuestra experiencia y nuestro encuentro con Dios. Sea cual fuere la causa, toda experiencia que no incluya un encuentro personal con Dios o concluya con este no tiene valor.

En muchas ocasiones, una persona pasará por una experiencia, perderá algo y tendrá que empezar desde cero, sin haber cambiado en absoluto.

La victoria solo lo es de verdad cuando nos permite conquistar aquello que nos hizo caer. La persona puede recuperarse de una tragedia, pero si lo único que hace es volver a empezar de nuevo, está condenada a repetir la tragedia hasta el infinito.

¿Qué significa ser "un pueblo del pacto"?

Como cristianos, le damos mucha importancia al concepto del pacto. Dios ha establecido un pacto con nosotros. Nos gusta pensar en nosotros como el pueblo del pacto. Mantenemos una relación con Dios que no puede romper nada ni nadie que no sea Dios. Comprensiblemente, en esta relación de pacto encontramos mucho consuelo, satisfacción y seguridad.

Lo que suele pasarse por alto a menudo en esta relación de pacto es que Dios no dejará que un pueblo con esta relación pase mucho tiempo sin reprensión. Dentro de una relación de pacto, las interacciones no son todas positivas. ¡Gracias a Dios por los elementos positivos asociados con mi relación de pacto con Él! Pero junto con esos elementos tenemos otros que, a menudo, la generación actual de cristianos pasa por alto.

Sí, Dios nos anima, nos bendice y nos ofrece una rica provisión. Sin embargo, Dios no cierra los ojos ante los peligros que amenazan al pueblo de su pacto, incluyendo aquellos que nacen de nuestra conducta. Nos reprende en el presente para que podamos eludir su juicio al final. Aquellos a quienes no reprende acabarán enfrentándose a la ira de su juicio.

Como mantengo una relación de pacto con Dios, estoy sujeto a su examen, que es lo más amoroso que puede hacer por nosotros nuestro Padre celestial. "El Señor al que ama, disciplina" (He. 12:6).

Cuando en el mundo que nos rodea sucede una tragedia a gran escala, muchas personas dan por hecho de inmediato que es un juicio de Dios contra el mundo incrédulo. En parte esto es cierto, pero debo recordarte lo que nos dicen las Escrituras. La Biblia nos dice que el juicio empieza por la casa de Dios. Dios se ocupa primero del pueblo de su pacto. El acto más amoroso de Dios puede ser reprendernos y apartarnos de la tragedia del pecado.

Es natural que busquemos consuelo, incluso cuando nos hemos merecido el juicio. Algunas personas dicen que lo único que quieren es lo que merecen. Yo tengo claro que no quiero lo que merezco. Sé que, por mí solo, lo único que merezco es el infierno. El amor de Dios es el que me reprende de tal manera que me aparto del camino que conduce al fuego del infierno y a la condenación. No quiero lo que merezco; quiero descansar en la misericordia de Dios. El aspecto más amoroso de la misericordia de Dios es su fidelidad al reprenderme por mis malos caminos.

Dado que formo parte del pueblo de Dios del pacto, Él me advierte, me reprende y me expone las maldades insospechadas que cometo y que me conmocionan. En la búsqueda de nuestra santidad, Dios no deja una piedra por remover. Dios trabaja en mi vida, desarraigando todo aquello que le ofende. Ignorar la represión de Dios e intentar engañarle para que nos consuele es una necedad. Dios no puede aceptar el pecado en ningún grado. Las cosas que hay en nosotros y que son contrarias a su santa naturaleza serán reprendidas y juzgadas por su atención misericordiosa.

Por toda la cristiandad nos jactamos de formar parte de un pacto. Buscamos anhelantes la garantía de que hacemos lo correcto, pero la verdad es que hemos pecado contra la luz manifestada. Esta es la tragedia de nuestra situación: no que vayamos tropezando en la oscuridad, sino que lo hacemos aun teniendo que ser hijos de la luz. La atrocidad de nuestra situación consiste en que nos rebelamos contra la luz divina.

El juicio en nuestra generación

En la iglesia estadounidense contemporánea hemos tolerado la injusticia y el crimen debido a nuestra debilidad. Toleramos el pecado al excusarlo e incluso restarle importancia. Cada asesino impune de nuestro país debe pagar con su sangre. Toda injusticia debe corregirse. La justicia de Dios lo exige.

A veces pensamos que Estados Unidos es una nación justa y recta. Lo único que tiene que hacer una persona para contradecir esto es echar un vistazo alrededor y contemplar nuestra cultura y nuestra sociedad mediante los prismáticos de la Palabra de Dios. Si lo que vemos en nuestro mundo no armoniza con lo que vemos en la Palabra, vamos directos al juicio. Este juicio, como ya he dicho, empieza por la casa del Señor.

Si observamos la iglesia y lo que esta hace en la sociedad contemporánea y luego lo comparamos con lo que vemos en la Palabra viva de Dios y, al hacerlo, detectamos incoherencias, el juicio ha de llegar. Entonces la elección es nuestra. Podemos juzgarnos y resolver las iniquidades en nuestra comunidad o Dios enviará un juicio contra nosotros. Sin duda que no quiero juzgar a nadie, pero me parece que buena parte de la cristiandad estadounidense se encuentra bajo el juicio de Dios.

La funesta señal de esto es que nuestros líderes no manifiestan la disposición de arrepentirse por el pecado. Regularmente oímos de pecados en la iglesia, sobre todo entre los líderes de alto nivel, y en su mayor parte esos pecados no se juzgan ni condenan; más bien se excusan. Parece que nadie lamenta su pecado. Puede que lamenten que los hayan descubierto, pero eso no provoca un cambio de vida.

Es fácil señalar el pecado en otros, criticarlo y condenar a quien lo comete. Pero nuestra evaluación debe empezar por nosotros mismos: *¿Qué hay en mí que deba reprender la Palabra de*

Dios? Parece que por ahí ronda muchas ganas de culpar, pero muy poco arrepentimiento.

En todo el mundo vemos los juicios de Dios sobre este. La guerra es el azote actual de Dios sobre las naciones. ¿Dónde encontrar un lugar del mundo que no la padezca? Un área se pacifica justo cuando otras explotan con ira e inician una guerra. Este es el destino para un mundo que vive en rebelión contra Dios. Donde no hay paz en el corazón, no habrá paz en la Tierra. Solo el Príncipe de paz puede traer a nuestro mundo el tipo de paz que eliminará todo lo que alimenta la cultura bélica.

Creo que vivimos en una generación de no reprendidos. Hubo un tiempo, no hace tanto, en el que incluso en el mundo el pecado tenía límites. Había algunas cosas que avergonzaban a las personas, a nuestras comunidades y a nuestro país. ¿Hemos llegado a un punto en esta generación en la que ya nada nos avergüenza?

El pecado se ha convertido en un chiste que los humoristas mencionan en esos pozos infernales llamados clubes nocturnos. La moda de esta época es la burla. La tolerancia de estas cosas ha ido creciendo con cada generación, hasta el punto en que a la nuestra parece que no le avergüenza ya nada.

Se encuentran en esta generación las personas menos sancionadas, las más arrogantes y presuntuosas. Todo el mundo hace lo que le parece bien a sus ojos. Haz lo que quieras sin tener en cuenta a quién le moleste. Es la generación del "yo".

El papel del pueblo de Dios del pacto

Todo lo que acabo de describir es lo que sucede entre aquellos que se denominan el pueblo de Dios del pacto. ¿Es que la Iglesia de Jesucristo ha perdido su influencia en el mundo? ¿Ya no somos una represión para los actos pecaminosos de nuestra cultura?

Hoy día existe una iglesia nueva, un nuevo tipo de cristianismo que se expande por todas partes. Esta nueva iglesia busca la seguridad en una enumeración de sus virtudes. "¡Mírenme!", dice poseída por un espíritu arrogante. En nuestro país nunca hemos visto instalaciones más grandes para las iglesias o mayor número de personas en ellas. Nunca se ha producido más actividad social que en el presente. En gran medida, las cifras nos tranquilizan. "Esa debe ser una buena iglesia: fíjate cuántos miembros tiene"; este es el tipo de razonamiento que escuchamos hoy.

Hemos caído en la trampa de los números. Por mi parte, prefiero relacionarme con un grupo reducido de creyentes que lleven vidas de santidad (siendo reprendidos por Dios en todo momento y luchando día tras día contra el pecado), que formar parte de un grupo enorme de personas a quienes les satisface su propia seguridad y basan su consuelo en la idea de que Dios debe estar de su parte porque su iglesia prospera.

La prosperidad no es la marca del pueblo de Dios del pacto. La señal del pueblo de Dios es que sus componentes admiten su pecado y lo rechazan; experimentan la reprensión de Dios y se alejan del camino que conduce a la destrucción. Debemos apartarnos del pecado y caminar por el sendero de la santidad, esa vía que las Escrituras describen como "estrecha" (Mt. 7:14). La ideología cristiana que se practica actualmente ha ensanchado tanto ese camino que es imposible que nadie vaya al infierno.

¿Qué debemos hacer?

No nos atrevamos a confiar en nuestro pasado glorioso. A muchos les gusta señalar el pasado y consolarse con el hecho de que es su herencia y su legado. Yo digo que si lo que sucedió en el pasado no se repite en el presente, no nos sirve de nada. El pasado muere con aquellos que lo formaban. No podemos vivir en el pasado ni a la sombra de su grandeza.

No nos atrevamos a mirar hacia un futuro glorioso a menos que estemos dispuestos a crear un presente glorioso. Hacer esto supone someternos, como pueblo del pacto de Dios, al escrutinio y al juicio de Dios hoy. Supone hacernos cargo de la situación y permitir que Dios haga su voluntad en nosotros y por medio de nosotros. No esperemos hasta el día del juicio final. Que ese día sea ahora. Permitamos que la Palabra del Dios vivo nos reprenda igual que permitimos que nos conforte.

La carga de la Palabra de Dios exige solo que aquellos de nosotros que somos el pueblo de Dios del pacto nos sometamos a la jurisdicción de las Escrituras, sea positiva o negativa. Cuando lo hagamos, empezaremos a vivir diariamente en el poder del Espíritu Santo a medida que la Palabra de Dios se vuelva una realidad en nosotros.

Cuando mi amigo Tom Haire se marchaba de Estados Unidos para volver a su Irlanda natal, le pregunté si pensaba volver y predicar mucho. "No", contestó Tom, reflexivamente. "Voy a volver y me pasaré unos meses juzgándome a mí mismo mientras todavía tengo tiempo de hacer algo al respecto".

Ahora es el momento de que nos juzguemos a nosotros mismos y permitamos que el Espíritu Santo señale las iniquidades que hay en nuestra vida, de modo que podamos enmendarlas. Para mí no hay nada más importante que equilibrar las cuentas en mi vida mientras aún tengo la oportunidad de hacer algo respecto a los errores que pueda detectar mientras la examino.

Que la mente de Cristo, mi Salvador

Kate Barclay Wilkinson (1859–1928)

Que la mente de Cristo, mi Salvador
Viva en mí de día en día,
controlando con poder y amor
lo que haga y lo que diga.

Que la Palabra de Cristo more siempre
en mi alma, hora tras hora,
y así pueda ver su triunfo
por su mano poderosa.

Que la paz de Cristo, mi Salvador,
gobierne en toda mi vida,
y así podré con su paz
confortar a quien lo necesita.

Que el amor de Jesús me llene,
como llenan las aguas el mar;
que Él crezca y que yo mengüe:
esta es victoria sin igual.

Que corra mi carrera hasta la meta,
con fuerza y valor frente al maligno,
mirando mis ojos a Jesús
mientras sigo mi camino.

Que me otorgue el don de su belleza
cuando intento al perdido ganar,
y que este no vea mi mano,
mas la suya, de amor y de paz.

11

Cómo rechazar el ataque contra el poder de Dios

El poder de tu reino, oh, Dios, no solo radica en palabras, sino en el poder y la demostración del Espíritu Santo. Te ruego que mi vida trascienda el mero acto de pronunciar palabras, y que experimente el poder del Espíritu Santo que me transforma en aquello que te agrade. Te lo ruego en el nombre de Jesús, amén.

Uno de los mayores debates dentro de la iglesia tiene como tema el poder. En la iglesia actual hay muchas personas anhelantes de tener poder, pero esto no es nada nuevo. En los tiempos del apóstol Pablo, muchos estuvieron dispuestos a desafiar su autoridad y más que dispuestos a quitarle de en medio para fomentar su propia autoridad.

Salomón, con toda su sabiduría, tenía razón: "¿Qué es lo que fue? Lo mismo que será. ¿Qué es lo que ha sido hecho? Lo mismo que se hará; y nada hay nuevo debajo del sol" (Ec. 1:9).

El apóstol Pablo recibió la autoridad directamente de Cristo. Aunque en su tiempo muchos la rechazaban vigorosamente, a pesar de ello era la autoridad de Cristo, la verdadera cabeza de la Iglesia. Pablo fue nombrado por el Señor para ejercer su autoridad de diversas maneras.

Debía recibir la verdad de la Iglesia y darle forma. Hasta ese momento, todas las Escrituras tenían que ver con la ley judía.

Pablo tenía la responsabilidad de contribuir a echar los cimientos sobre los que se edificaría la Iglesia de Cristo. Esto, por sí solo, ya era una tremenda responsabilidad. Si uno no hace bien las cosas al principio, en el futuro surgirán muchos problemas.

Muchas de las epístolas que escribió Pablo tuvieron que ver con esta conformación de la verdad y la política eclesiales. Levantaba la estructura sobre la que se levantaría el ministerio de la Iglesia. Por supuesto, el verdadero cimiento y la piedra angular no son otros que el propio Señor Jesucristo. Algunos quieren edificar la Iglesia sobre Pedro, pero Pablo, mediante su comisión dada por Cristo, edificó la Iglesia del Nuevo Testamento sobre el Señor Jesús.

Una parte de su responsabilidad era organizar el sistema y la política para que la Iglesia se gobernase sola. No era una tarea fácil. Todo el mundo quiere tener algo que decir sobre el modo en que funcionan las cosas. Pero fuera lo que fuese la Iglesia neotestamentaria de Jesucristo, no era democrática. La misión de Pablo no consistía en reunir a todo el mundo y decirles: "Hermanos, ¿qué pensáis de esto?". Así es como solemos hacer hoy las cosas, pero no es como las hacía el apóstol Pablo, ni es como Cristo desea que funcione su Iglesia.

Nadie entendía más exhaustivamente la Iglesia que el apóstol Pablo. Cada generación intenta mejorar lo que Pablo estableció, o al menos modificarlo y redefinirlo para su época. El apóstol Pablo tenía la autoridad para establecer la estructura de la iglesia neotestamentaria, y creo que nosotros tenemos la obligación de aceptar esa estructura independientemente de las demandas culturales. O somos una iglesia según el modelo del Nuevo Testamento o no lo somos.

Pablo encarnó la autoridad que se le había conferido y mostró con su ejemplo cómo debía funcionar la iglesia. No se limitó a garabatear en un manuscrito normas y reglamentos; manifestó en su propia vida y en su ministerio los principios que enseñaba.

El problema al que se enfrentaba Pablo era la presencia de quienes participaban en cismas dentro de la iglesia del Nuevo Testamento. Como esos individuos no podían comportarse como querían bajo la autoridad de Pablo, convirtieron en su misión repudiar su enseñanza y hacer todo lo que estuviera en su mano para socavar y destruir su autoridad.

La comunidad de los creyentes en Corinto se veía amenazada especialmente por esta conducta divisiva. Pablo envió a Timoteo para defender su causa ante la iglesia de esa ciudad. Timoteo representaba a Pablo, presentando a la iglesia las credenciales de Pablo, por así decirlo. Al final, Pablo tuvo que advertir a los cristianos corintios que su autoridad no se basaba en la elocuencia humana, sino en el poder que le había confiado la Cabeza de la Iglesia, el Señor Jesucristo.

No con palabras, sino con poder

Al abordar este tema, el apóstol Pablo manifestó una verdad muy importante: el reino no consiste solamente en palabras, sino en poder (ver 1 Co. 4:20). Entender esta diferencia supone comprender el poder y la autoridad de la Iglesia de Jesucristo. El problema de quienes participaron en los cismas es que no entendieron esta diferencia. Dieron por hecho que las propias palabras tenían el poder; por consiguiente, si usaban las palabras, tendrían poder.

Creo que este es un problema importante en la iglesia evangélica moderna. Estamos atrapados en palabras y frases, nos esforzamos por actualizar sin cesar nuestro vocabulario religioso para armonizarlo con la cultura que nos rodea. Creemos que si usamos las palabras que entiendan los demás, recibirán el poder. Sincronízate todo lo que quieras con el mundo que te rodea, pero el poder de Dios no radica en la elocuencia o en la razón humanas. Estriba por completo en la obra del Espíritu Santo por medio de la Palabra viva.

Al pensar en esto, debemos comprender que para expresar la verdad hacen falta palabras. No se puede manifestar la verdad en ausencia de ellas. Pero aunque las palabras son la forma de la verdad, solamente son su imagen externa. Aquí es donde nos equivocamos generalmente. Las palabras solo representan el poder que hay en la Palabra.

Nuestras palabras nunca pueden ser la esencia interior, sino solo la cáscara externa; son episódicas, nunca fundamentales. Las palabras son escurridizas; a veces lo vemos en las traducciones de la Biblia. Una versión traduce el término griego de determinada manera, mientras que otra lo hace de un modo diferente. Es el mismo vocablo griego, pero hay matices de significado que a veces pueden afectar a la verdad.

Lo que en ocasiones no logramos entender es que la verdad tiene una esencia. Toda verdad nace en Dios; por consiguiente, resulta muy difícil condensarla en una palabra o una frase. La verdad sigue la forma de las palabras, pero en ocasiones la abandona y la trasciende.

Aquí podríamos usar muchas ilustraciones, pero déjame utilizar una evidente. Cuando una persona usa la palabra "amor", puede referirse a algo distinto a lo que quiere decir otra cuando usa el mismo término. De hecho, en griego hay cuatro palabras diferentes que se pueden traducir como "amor".

Cuando un padre le dice a un hijo: "Te quiero", significa algo distinto a cuando ese hijo conoce a la chica de sus sueños y le dice: "Te quiero". Usan las mismas palabras, pero sin embargo el significado en cada caso es bastante distinto. Esta es una ilustración un poco básica, pero nos recuerda que hemos de tener cuidado para no limitar las verdades espirituales a un conjunto de palabras o de frases.

El gran error de nuestros tiempos es afirmar que la forma es la esencia. Creemos que podemos resumir el reino de Dios en palabras. No somos los únicos que creen esta falacia; parece que ha sido un error enorme desde los tiempos de la iglesia del Nuevo Testamento. Lo que el apóstol Pablo procuró que entendiesen los cristianos de su época es que la iglesia no se puede reducir a frases y palabras. Las palabras pueden engañarnos y ser tendenciosas.

Algunos creen que recitar palabras da seguridad. Da lo mismo si entendemos de verdad lo que significan esas palabras; si las repetimos una y otra vez, proporcionarán cierto tipo de consuelo y de seguridad a nuestros corazones.

Otros quieren que creamos que determinadas palabras tienen poder para ahuyentar a Satanás. Si uno domina las palabras correctas, la fórmula adecuada, podrá arrinconar al diablo. Da lo mismo lo que diga: mientras lo remate diciendo "en el nombre de Jesús", se hará; Dios no tiene nada que decir sobre este asunto. ¡Qué estupidez! Ningún demonio del infierno teme solo a las palabras. Solo cuando estas tienen poder, sirven como canal por medio del cual fluye el poder de Dios.

Algunos piensan que las palabras tienen poder para hacer el bien. Este es el error del pensamiento positivo. Ten pensamientos positivos y di palabras positivas, y todo saldrá bien. Tales personas quieren hacerte creer que es posible salir de todos los problemas a base de pensar en positivo; lo único que hay que hacer es llenarse la cabeza con los pensamientos adecuados.

NO

El apóstol Pablo intenta convencer a la iglesia corintia de que el reino de Jesucristo no radica en meras palabras. El reino de Dios, según Pablo, consiste en poder. Su esencia es el poder. Este poder es el Espíritu Santo que opera por medio de la Palabra. Es el poder del Cristo resucitado que se manifiesta por medio del Espíritu Santo en la Iglesia de Jesucristo. No solo palabras, sino también la manifestación del Espíritu Santo.

No hay manera de reducir al Espíritu Santo a unas meras palabras o a una simple fórmula. Existe un poder asociado con la obra del Espíritu Santo en conjunción con las Escrituras, que trasciende las palabras de la página. Da lo mismo lo hermoso o lo realista que sea un cuadro de una hoguera: nunca calentará a nadie.

El reto de Pablo para aquellos que creaban divisiones en la iglesia consistía en que, cuando él les visitara, podría demostrar sus palabras y también su poder. Su poder estaba en el Espíritu Santo manifiesto en su vida por medio de las Escrituras. No podemos descartar esto. Hay quienes tienen una agenda de poder para sí mismos. Quieren que otros crean que ellos tienen poder: si dicen algo, se cumplirá.

Pablo nos dice que el poder asociado con la iglesia del Nuevo Testamento es el que procede del Espíritu Santo que se manifiesta por medio de la Palabra de Dios. No podemos tomar ambos y separarlos. No se trata solamente del Espíritu Santo, ni tampoco de la Palabra de Dios por sí sola; son los dos formando una unidad armónica.

Este es el punto sobre el que la Iglesia está dividida. Por un lado, están quienes enfatizan el poder del Espíritu Santo excluyendo todo lo demás, incluso la Biblia. Pretenden que el Espíritu Santo haga cosas contrarias a la enseñanza clara de la Palabra de Dios. Por otro lado, tenemos a quienes enfatizan la Palabra de Dios excluyendo todo lo demás, incluso el Espíritu Santo. Ellos creen que, si uno tiene las palabras, tiene todo lo que necesita. "Lo reclamo, y por lo tanto es mío".

Pablo dejó claro que el Reino no solo consiste en palabras, sino en poder. El Espíritu Santo coopera con la Palabra de Dios, una cooperación que no se puede negar sin perjudicar a la iglesia neotestamentaria. El Espíritu Santo no hace nada aparte de la Palabra de Dios ni contrario a ella.

¿Cuáles son las operaciones de este poder del que habla Pablo?

La operación del poder divino

En primer lugar, es un poder moral. Con esto quiero decir que su propósito es exponer el pecado que hay en el corazón del pecador. El poder de la Palabra de Dios consiste en señalarme dónde me equivoco. Sin embargo, no se detiene ahí; también opera para revolucionarme y transformarme a la imagen de Cristo. El poder moral del que habla Pablo crea hombres y mujeres santos que manifestarán la naturaleza de Cristo a un mundo caído.

También es un poder persuasivo. Convence, persuade y destruye toda resistencia a la voluntad de Dios. Es un poder que trasciende las meras palabras, y es un poder contra el que las palabras no pueden hacer nada.

Recordemos cuando David mató a Goliat. Desde un punto de vista humano, Goliat tenía las de ganar. Todo estaba de su parte. Pero como David actuaba bajo el poder y la autoridad de Jehová, fue el día del Señor. Por muy bien armado que estaba Goliat, no era rival para aquel jovencito con la honda, que tenía de su parte el poder de Jehová. Dios manifiesta un poder persuasivo que nadie en este mundo puede derrotar.

También creo que es un poder de adoración. En nuestra generación, a la adoración se le ha atribuido mala fama. Hay muchas cosas que consideramos adoración que enfurecerían al apóstol Pablo, quien hablaría con vehemencia en su contra. El poder de la adoración estriba en crear reverencia. Esto no sucede en la iglesia evangélica contemporánea. Algunos cultos dominicales no son más que un festival de música folclórica ligeramente religioso. No hay un sentido de reverencia, de temor reverente por estar en la presencia de Dios. Las palabras no pueden inducir a nadie a ser reverente. Lo que nos lleva a ese estado es el poder de la adoración.

Creo que el poder de la adoración también consiste en producir un éxtasis, en elevarnos por encima de lo cotidiano y lo normal a fin de llevarnos a la atmósfera rarificada de la alabanza y la adoración, un lugar en el que los mortales no pueden aventurarse sin ayuda. ¿Dónde está el éxtasis de nuestros cultos de alabanza contemporáneos? ¿Dónde está la maravilla? ¿Dónde el guardar silencio ante la presencia temible y manifiesta de Dios? Este poder también es magnético. Con esto quiero decir que nos atrae a Cristo. Le exaltará por encima de todas las cosas. Sabrás que es el poder de Dios cuando exalte a Jesucristo por encima de todo lo demás. Cuando lo que se exalta es la personalidad o la celebridad, puedes estar seguro de que el que obra no es el Espíritu Santo. Este poder magnético no lo pueden crear las simples palabras. Jesús dijo: "Y yo, si fuere levantado de la tierra, a todos atraeré a mí mismo" (Jn. 12:32).

La misión para la iglesia actual

Pablo dejó clara su postura ante la iglesia corintia. Se enfrentó a quienes provocaban divisiones, no solo recurriendo a palabras, sino también en el poder y la manifestación del Espíritu Santo. Cuando echó los cimientos para la iglesia neotestamentaria, de la que formamos parte, no exigió desviarse en absoluto de estas verdades cruciales.

Creo que en la iglesia evangélica moderna debemos hacer ciertas exigencias. Debemos exigir contar con algo más que una doctrina correcta. Tener una doctrina correcta es importante, pero no es suficiente. Una persona puede creer lo necesario pero no estar en paz con Dios. Una persona puede conocer todas las palabras adecuadas, y aun así no haber sido transformada en su interior. Esta es la diferencia entre información y transformación.

También debemos exigir más que una vida recta. Muchas personas pueden vivir correctamente. Muchas sectas exigen estrictamente a sus seguidores que vivan correctamente. Algunos miembros de sectas llevan vidas menos pecaminosas que los cristianos. Estamos llamados a algo más que a vivir con justicia;

Cristo nos ofrece la vida que fluye del testimonio interior del Espíritu Santo.

También hemos de exigir que nuestra iglesia sea algo más que agradable y hospitalaria. Sin duda, ser amistoso es importante. Cuando otros visiten nuestra iglesia, debemos saludarles con una sonrisa y darles la bienvenida. Sin embargo, la iglesia consiste en algo más que en ser agradables, leales o estar de acuerdo sobre determinados temas. Estos son asuntos superficiales, y no llegan a la esencia o el corazón de la verdadera comunión espiritual. Todas estas cosas se pueden hacer recurriendo a las fuerzas humanas.

¿Cómo podemos ser el pueblo y la iglesia que Dios quiere? ¿Cómo hacer la transición de las meras palabras al poder y la demostración del Espíritu Santo? Déjame que te sugiera tres disciplinas:

Primero, tenemos la oración. Debemos entregarnos a una oración que trascienda la repetición de determinadas palabras. Creo que toda oración empieza con palabras, pero no acaba ahí. Llega un momento en que nuestra oración evoluciona a algo que no son meras palabras, y entramos en el *misterio tremendo* de la presencia de Dios. Hablo de ese temor reverente al entrar en su presencia manifiesta y recrearse en la luz del sol que es su agrado. No habremos orado de verdad hasta que no hayamos atravesado el velo místico entrando en la presencia manifiesta de Aquel a quien oramos.

Luego tenemos la fe. La fe consiste en más que en creer las palabras correctas. "La fe es por el oír", dijo el apóstol Pablo, "y el oír, por la Palabra de Dios" (Ro. 10:17). Creo que es imposible reducir mi fe a una serie de palabras. Mi fe trasciende las palabras y descansa en el mismo corazón de Dios. Mi confianza está en Dios, no en mis explicaciones de quién es Él. Si aquello en lo que creo se puede explicar, entonces no es Dios.

La última disciplina es la entrega. La entrega no es solo algo de lo que hablamos; más bien se trata de algo que hemos de hacer. No podemos entregarnos en palabras; debemos hacerlo en actos. Si queremos levantar nuestra vida sobre el fundamento que echó el apóstol Pablo para la iglesia del Nuevo Testamento, tendremos que entregar nuestras ideas, nuestra comprensión y nuestras explicaciones, y aceptar a Jesucristo como quien es en realidad: el Verbo viviente.

Una vez para siempre
Philip P. Bliss (1838-1876)

Libres de la ley, ¡oh, feliz estado!
Tenemos perdón por sangre comprado,
Ya no estamos malditos por nuestra caída,
que la gracia divina sanó nuestra herida.

Libres para siempre, sin condenación,
Jesús nos ofrece sin par salvación.
"Ven ya", Él te dice con tono amoroso,
"ven ya y hallarás la paz y el reposo".

A los hijos de Dios, por llamado sublime,
que nos descarriemos el Señor impide;
pues ya hemos pasado de la muerte a vida,
pues ya recibimos salvación bendita.

Recíbela, oh, pecador, una vez para siempre,
y créela, oh, pecador, una vez para siempre;
al pie de la cruz deja ya tu carga,
pues de una vez por todas Cristo ya nos salva.

12

El efecto de la Palabra de Dios sobre la vida de la persona

Tu Palabra, ¡oh, Dios!, ha sido mi porción todos los días. La comí y alimentó mi espíritu. Su dulzura me permitió soportar la amargura de seguirte en un mundo que se opone a ti y a tu santidad. Mi espíritu tiene hambre de ti; nada más me satisface plenamente. Me comprometo ante ti a no cantar una sola canción que no esté dispuesto a vivir. ¡Oh, Cristo! Me complace identificarme contigo y con la maldición de tu cruz. Amén.

El profeta Ezequiel, del Antiguo Testamento, testificó: "Y me dijo: Hijo de hombre, alimenta tu vientre, y llena tus entrañas de este rollo que yo te doy. Y lo comí, y fue en mi boca dulce como miel" (Ez. 3:3).

En el Nuevo Testamento, el libro de Apocalipsis, encontramos la siguiente declaración: "Y fui al ángel, diciéndole que me diese el librito. Y él me dijo: Toma, y cómelo; y te amargará el vientre, pero en tu boca será dulce como la miel" (Ap. 10:9).

Existe una relación de causa y efecto entre la ingesta del libro y la amargura en el vientre. Cuando la Palabra del Señor se digiere (es decir, cuando entra en una persona y se convierte en parte de su vida, y cuando dicta el testimonio del cristiano o proporciona su mensaje al profeta), se vuelve amarga. Se vuelve amarga para la carne debido a la actitud hostil del mundo, la debilidad de la carne y el odio siniestro del diablo. La Palabra de Dios es dulce al paladar y poderosa cuando se recibe, pero también tiende a meter en problemas a las personas que viven conforme a ella.

Una gran calamidad

La raza humana va por mal camino, aunque encontrarás a muchos hombres que te dirán lo contrario —que somos unos seres maravillosos— y que incluso escriben libros sobre el tema. De vez en cuando recibo cartas que me aconsejan que no adopte una visión tan pesimista del mundo, porque, después de todo, el mundo es bueno si lo vemos con buenos ojos. Es un mal consejo.

En el mundo hay una gran calamidad provocada por la caída del hombre. El pecado del hombre ha acarreado la alienación de Dios. Es decir, ha interrumpido la relación con Dios y ha traído lo que llamamos mortalidad (motivo por el cual, claro está, estamos sujetos a la muerte), y también la propia muerte. Debemos estar atentos no sea que, cuando contemplemos la raza humana y veamos sus sufrimientos (cómo hay muerte, mortalidad, enfermedades, locura, crímenes y todas esas cosas), nos pongamos sentimentales y empecemos a compadecer a las personas en vez de darnos cuenta de que la culpa es nuestra.

Algunos dicen que el pecado es una enfermedad, como la polio. Uno la contrae, no puede evitarlo, y acaba matándole, pero no se le puede culpar de ella. Tú eres un pobre ser humano, y no eres responsable de tu enfermedad, como no lo es un bebé que nace con un problema cardiaco. No puedes evitarlo: llegaste al mundo así.

Nuestro Señor nos habló de un muchacho, el menor de dos hermanos, que se fue deliberadamente al mundo, se dedicó a vivir desordenadamente, se gastó todo lo que tenía con plena conciencia, y se vio reducido a la pobreza y a los harapos, como resultado de lo cual se vio obligado a trabajar en los campos para unos criadores de cerdos. Todo esto fue culpa suya. No fue resultado de algo que no pudo evitar, como pueden serlo la polio o un ataque cardiaco. Fue todo obra suya. La raza humana va por mal camino, pero es así por nuestra propia culpa.

Salvados, pero no rescatados

Hemos sido redimidos por medio de la expiación que hizo nuestro Señor Jesucristo en la cruz. Por medio de este acto de propiciación por nuestros pecados, los cristianos tenemos la justificación y la regeneración. Somos justificados, es decir, declarados justos ante Dios; somos regenerados, es decir, nacidos por segunda vez. Tenemos todo esto, pero no somos rescatados.

Siempre que se ha producido un avivamiento, la iglesia en todo caso empieza admitiendo y convirtiendo en parte de su vida diaria la creencia de que estamos en apuros, de que se ha producido una gran calamidad, y que aunque por medio de la fe cristiana Dios salva, aún no somos rescatados. Vivimos en peligro; somos como ovejas en medio de lobos. Encontrarás esta verdad expresada en las epístolas de Pablo:

> Porque el anhelo ardiente de la creación es el aguardar la manifestación de los hijos de Dios. Porque la creación fue sujetada a vanidad, no por su propia voluntad, sino por causa del que la sujetó en esperanza; porque también la creación misma será libertada de la esclavitud de corrupción, a la libertad gloriosa de los hijos de Dios. Porque sabemos que toda la creación gime a una, y a una está con dolores de parto hasta ahora; y no solo ella, sino que también nosotros mismos, que tenemos

las primicias del Espíritu, nosotros también gemimos dentro de nosotros mismos, esperando la adopción, la redención de nuestro cuerpo (Ro. 8:19-23).

En 2 Corintios, capítulo 11, Pablo nos ofrece una larga lista de calamidades por las que pasó: encarcelamientos, azotes, naufragios, etc. Era salvo, pero según su testimonio aún no estaba rescatado. Estaba redimido, pero aún no había escapado del fuego. Ese es exactamente el punto en que se encuentra hoy la iglesia.

La verdadera Iglesia de Cristo es una iglesia redimida, nacida del Espíritu y lavada en la sangre, habiendo dejado atrás el juicio sobre ella, pero aún no ha sido rescatada. Tiene su nombre escrito en los cielos, pero sigue en el mundo y, mientras esté en esta Tierra y actúe como Iglesia, tendrá problemas. Ahora bien, si deja de actuar como Iglesia, dejará de tener problemas, exceptuando, por supuesto, aquellos que soportan todos los hombres por un igual.

Esta es una verdad que no oímos a menudo, pero se nos dice que comamos la verdad, igual que hicieron los profetas. De hecho, se nos ordena que la comamos, que asimilemos el Libro en nuestro sistema hasta que nos empapemos de él. En la cruda época isabelina, no dudaban en decir que la Biblia debe llegar a nuestro vientre y a nuestro sistema digestivo; hasta que empape hasta la última parte de nuestra vida de tal modo que no exista un antídoto ni forma de huir de ella; hasta que exista un compromiso total, y la verdad se haga con el control absoluto, y la cruz se convierta en un instinto.

Al principio, la verdad siempre es muy dulce. Cuando cantamos la verdad, es muy dulce. Cuando la leemos, es muy dulce. Pero cuando nos controla, cuando empieza a determinar nuestras vidas y se convierte en un reflejo en nosotros, una segunda naturaleza, un impulso maestro, se transforma en una hiel amarga para la naturaleza carnal, porque la verdad tiene sus consecuencias.

Si estuviéramos en el cielo, la verdad siempre sería dulce. Si todos estuviéramos en el cielo, nadie se quejaría de la amargura de la verdad. Sin embargo, no estamos en el cielo, sino a medio camino entre el cielo y el infierno: en este mundo. No estamos en el infierno y, gracias a Dios, no lo estaremos nunca. No estamos en el cielo, pero ¡alabado sea Dios, un día estaremos allí! No, estamos a mitad de camino entre el cielo y el infierno, en este mundo de bien y mal, este mundo de santos y pecadores, de alegrías y penas y, por lo tanto, a veces la verdad resulta muy dura.

Nuestra dificultad estriba en que nosotros, que somos pueblo de Dios, no permitimos que la verdad penetre en nuestro organismo. Es aguda, y no nos gusta su agudeza. Es dolorosa, y eso nos desagrada. Es amarga, y no nos gusta su amargura. Por lo tanto, hacemos concesiones.

¿A cuántos les gusta realmente comer el libro? Sé que lo memorizamos en la escuela dominical; la leemos durante un año, un capítulo por día, la estudiamos en la clase de escuela dominical e incluso puede que la enseñemos. Sin embargo, me pregunto cuántos de nosotros la hemos comido permitiendo que forme parte de nuestro organismo hasta que no haya ningún antídoto contra ella. Muchas personas prefieren orar cruzando los dedos; están dispuestos a empezar a seguir al Señor entendiendo que, si las cosas se ponen feas, siempre pueden echarse atrás.

Nos arrodillamos y decimos: "¡Oh, Señor, quita todo lo que hay en mí... pero déjame algo!". "¡Oh, Dios, santifícame... pero no del todo!", ¡"Oh, Señor, toma todo lo que tengo... pero déjame un poco!". Siempre ponemos esta condición: "Señor, si me veo en un apuro, me retracto".

Hemos cometido un grave error en nuestro entendimiento. Pensamos que, por haber sido redimidos, hemos sido rescatados. Pero no es así. Somos sustentados por el poder de Dios por medio de la fe para la salvación, dispuesta para ser manifestada en los postreros tiempos. Nuestra salvación está garantizada, pero aún no hemos sido rescatados.

La batalla sigue en marcha, seguimos combatiendo. El enemigo sigue a nuestro alrededor. Seguimos siendo saltamontes entre las hierbas, ovejas en el desierto, niños que yerran por el mundo. Seguimos siendo personas buenas en un mundo malo, un mundo que, si puede, nos aplastará y nos destruirá.

Esta es una de las cosas más espantosas que veo en el cristianismo moderno: queremos usar la cruz para librarnos de la cruz. No podemos usar la cruz para salvarnos de la cruz. La cruz, es decir, Jesús nuestro Señor que muere en la cruz y resucita, nos salvará, pero esa misma cruz tiene que hacer algo en nosotros, a nosotros y por nosotros; y, francamente, algunos no lo toleran. Cuando creemos en Cristo, nos gusta pensar que esto significa formar parte de una comunidad agradable, crear hábitos religiosos regulares, abandonar los tipos más crudos de iniquidad, ir a ágapes, cantar himnos y asistir a retiros estivales.

Esto no me recuerda a Pablo. No me recuerda a los profetas, ni tampoco al discípulo Juan. No me parece propio de Noé, o de Lutero, o de Knox. No me recuerda a ninguno de ellos, porque ellos no contemplaban la vida de fe desde este punto de vista. No decían: "Creeré en Cristo, me uniré a una comunidad agradable, crearé hábitos religiosos regulares y, a partir de ahora, todo será maravilloso. Más adelante, ya me lo tomaré con más calma. Trabajaré para Cristo, pero dentro de lo razonable".

¿Nos tragaremos el rollo?

El problema con la mayoría de los cristianos es que se niegan a comerse el rollo. Lo mordisquean, pero no se lo tragan. Lo escuchan, pero no permiten que les controle. Son ellos quienes van a dominarlo, no al revés. Compran una Biblia nueva cada cinco años y la leen, pero no permitirán que la Biblia les controle. No lo harán porque les amargará el vientre. Será crudo, revelador y doloroso, y no piensan consentirlo. En lugar de permitir que la Palabra de Dios les manipule, serán ellos quienes la controlen.

En Romanos 5, Pablo dijo que hay personas dispuestas a morir por otras; son pocas las que se atreverían a hacerlo. De hecho, hay gente que ha muerto por otras personas a las que amaban muchísimo. Yo tengo hijos; mientras iban creciendo, yo sabía que Dios no tendría que pedírmelo dos veces: hubiera dado alegremente mi vida por ellos. No es ninguna heroicidad. Simplemente, amo a mis hijos un poco más de lo que me amo a mí mismo.

Creo que es bastante extraño que, cuando hablamos del cristianismo, nos cueste comprometernos así. Queremos encontrar una salida, una forma de retomar la vida que tuvimos antes. Queremos encontrar un paréntesis donde escondernos para evitar pasar por esa circunstancia. Queremos soslayar, de alguna manera, esta idea de la entrega total.

No dudo en decir esto: por todo el continente norteamericano, desde Key West hasta el punto más al norte de Canadá, y del Atlántico al Pacífico, creo que hay cristianos evangélicos que creen la Palabra y la mordisquean, pero no están comprometidos hasta el punto de que sus intereses económicos se vean afectados por ello. Primero cuidarán de sus intereses económicos, y de algún modo se las han arreglado para hacerse concesiones ante Dios para que su conciencia no les remuerda. Han domesticado su conciencia como se puede domesticar a un gato casero, de modo que se tumbe y ronronee a los pies, y no tienen ningún problema, porque han renunciado a servir a Dios del todo y protegen sus intereses económicos.

Esto no quiere decir que no den el diezmo; solo significa que no van a entregarse ellos mismos. No correrán el riesgo de perderlo todo. Se justifican diciendo: "No creo que Dios quiera eso".

Entonces racionalizan su afirmación: "Si pongo en peligro lo que tengo y lo pierdo, no podré dar nada a los misioneros, ¿no?". Ya han hecho concesiones, y escupen el libro; lo han masticado, pero no lo tragaron. Mientras lo mastican en la boca es muy dulce, siempre y cuando no lo traguen y permitan que penetre en su organismo.

Me pregunto cuántos empresarios cristianos se tragarían el libro para que entrase en su organismo (sabiendo que sus intereses económicos quizá se vieran resentidos) por amor a Cristo. No creo que fueran muchos. La filosofía de muchos de mis amados amigos que tienen mucho dinero es que el Señor les dio todo lo que tienen y, como se lo dio, es para que ellos lo conserven.

Me pregunto si hay algunos (y, en ese caso, cuántos son y dónde están) que permitieran que su compromiso total con Cristo pusiera en peligro sus relaciones familiares. Con esto quiero decir: ¿Estarían dispuestos a verse separados de su familia por causa del evangelio?

En algunos lugares del mundo, cuando una persona se convierte, tiene que decir adiós a su padre y a su madre (y a todos los tabúes y rituales de la tribu) y marcharse. En algunas sectas, si un judío se convierte a Cristo, si realmente cree en Cristo y le acepta como Mesías, su familia celebra un funeral. Le consideran muerto, y nunca vuelven a mencionar su nombre ni a contactar con él o ella. Se aparta de la madre que le dio a luz y del padre cuyas huesudas manos trabajaron para criarle, les dice adiós y sale de su hogar, para que ellos nunca vuelvan a admitirle. Esto es un compromiso total.

Los cristianos evangélicos estadounidenses de nuestra época no llegarán tan lejos. Consideramos que esa conducta es un poco fanática y bastante ridícula. Vamos a creer en Cristo, unirnos a una iglesia agradable y crear hábitos religiosos positivos, y entonces nos tomaremos las cosas con calma. No vamos a renunciar a los lazos de sangre.

Un hombre dice: "Me gustaría entregarme a Jesucristo, pero no puedo. No puedo destruir mi familia". Una mujer dice: "Me entregaría a Cristo, pero mi marido me maltrataría; no lo permitiría". Un hijo dice: "Me entregaría a Jesucristo, pero si lo hiciera, tendría que marcharme de casa". Estas personas no se tragaron el libro; solo lo mordisquearon.

Luego pienso en las amistades. Tener amigos es maravilloso. Henry David Thoreau y Ralph Waldo Emerson, que eran amigos, escribieron ensayos sobre la amistad. El concepto que tenía Emerson de la amistad decía que un amigo era alguien por quien uno haría algo. El concepto de Thoreau decía que un amigo era alguien que haría algo por nosotros. Son dos maneras muy distintas de contemplar la amistad.

Independientemente de cómo definas la amistad, ¿hay muchos que renunciarían a una amistad por amor a Cristo? ¿Y a sus comodidades? ¿Hay alguno que se comprometiera hasta tal punto que perjudicase su salud por amor a Cristo? La mayoría de nosotros no quiere perjudicar su salud, aunque a veces lo hacemos por cosas de este mundo.

Por ejemplo, un hombre se emborracha y se queda tirado en la calle, o come en exceso hasta que se dispara su colesterol. Pero en lo tocante a la religión, dice: "¡Ah, no! No querrás que sea un fanático, ¿no?". El fanático es alguien que se toma en serio a Jesucristo. Este es el concepto que tienen algunos de lo que es un fanático: alguien que cree lo que dijo Jesucristo y le sigue adondequiera que vaya.

Jesús estaba dispuesto a poner en peligro su salud. Cuando llegaron y le dijeron: "Sabes lo que te va a suceder, ¿verdad? Si no tienes cuidado, te matarán. Ese tipo, Herodes, te anda buscando ahora mismo", Jesús contestó: "Vayan a decirle a Herodes, esa zorra, que aún estaré por aquí durante un tiempo y que seguiré en este mundo". Literalmente, no puso en peligro su salud, sino su propia vida, entregándose a la muerte por los injustos, de modo que pudiera llevarnos a Dios.

El pueblo de Dios debería estar formado por personas que han masticado el libro, lo han tragado, digerido y asimilado, hasta el punto en que les ha dado el color y la complexión correctos. Debería ser imposible tocar a una persona de Dios: al extender los dedos hacia ella, solo se debería tocar el libro.

Dios llama a su pueblo a ser héroes. Les llama a ingerir y asimilar incluso las verdades difíciles contenidas en la Palabra de Dios. En lugar de eso, usamos el libro dulce como un chupete. ¡Qué libro más estupendo, qué dulce es! Corremos a buscar otra traducción del libro dulce, para sacarle un poco más de sabor. Sin embargo, no permitiremos que nos cambie mucho.

Una iglesia que necesita avivamiento

El avivamiento tiene lugar cuando un porcentaje elevado de las personas que hay en una iglesia u otra comunidad deciden tragarse el libro y permitir que tenga efecto en sus vidas, pase lo que pase. En algún momento solemne ante Dios, deciden que van a masticar el libro, tragarlo e introducirlo en su organismo, dejando que eche raíces en un punto donde no le afecte ningún antídoto. El libro hará su obra, tendrá su efecto en ellos. Será para ellos como una segunda naturaleza, y el impulsor principal de sus vidas; y cuando Dios ve a personas así, derrama su Espíritu Santo.

El peligro al que nos enfrentamos hoy es el siguiente: creemos que, porque seguimos el credo evangélico, complacemos a Dios, el Padre todopoderoso. Pero bien pudiera ser que nuestro credo evangélico no sea más que mordisquear el libro dulce, sin permitir jamás que entre en nuestro sistema, donde puede cambiar nuestras vidas y hacernos distintos; donde puede poner en peligro nuestra seguridad, cargarnos una cruz a la espalda y convertirnos en soldados valientes, incluso en mártires si es necesario. Me pregunto si Dios no pasará por alto a quienes han estado mordisqueando el libro dulce y bendecirá a quienes llevan medio siglo pasando hambre, haciendo entre ellos un milagro de gracia maravilloso. Quizá derrame aguas sobre los sedientos y envíe un aluvión a la tierra reseca.

No acuso a nadie. Temo por mi propio corazón y me inquieto por mí mismo, no por mi salvación, mi justificación o mi vida eterna, sino por si soy un hombre tan comprometido que, si de repente me viera privado de mi sueldo, daría gracias a Dios y seguiría adelante de todos modos. Si súbitamente me abandonaran todos mis amigos, levantaría los ojos al cielo y daría gracias a Dios, y seguiría adelante. Si sintiera que mi salud se deteriorara, miraría al cielo y daría las gracias a Dios, y seguiría adelante.

Necesitamos un avivamiento, una transformación espiritual que lo cambie todo. Hemos de masticar el libro y tragarlo, de modo que no podamos vomitarlo. Debemos llegar al punto en que no tengamos un lugar donde escondernos, donde hacer concesiones, ningún puente por el que volver atrás, ninguna excusa, ningún compromiso; que no haya ninguna manera de escapar de nuestro compromiso con Cristo.

Esto te hará sentir amargura. ¿Cómo no sentir amargura en un mundo que odia a Dios, en un mundo que crucificó a Jesús y nunca se ha arrepentido de ello? Sí, sentiremos amargura en un mundo donde los vendedores amasan fortunas gracias al cumpleaños del Señor, pero donde no le seguirían ni hasta la esquina próxima. Este es el tipo de mundo en el que vivimos.

El Señor nos ha llamado a ser un pueblo espiritual, santo, comprometido, adorador, un pueblo que sea suyo, un pueblo especial. ¿Estamos dispuestos a permitir que su Palabra nos convierta en personas así?

El sagrado libro
Thomas Kelly (1769-1855)

Yo amo de Dios el libro sagrado;
ningún otro a su altura estará;
me señala el camino a los santos,
me da alas y me enseña a volar.

¡Dulce libro! En ti mis ojos ven
la imagen de mi ausente Señor:
en tu página sabia puedo aprender
el gozo que me ofrece su amor.

Mas ahora ocupas su lugar en el mundo,
y solícito me brindas su amor;
leo, pues, tu mensaje con interés profundo,
y de gozos celestiales soy acreedor.

TERCERA PARTE

LIBERAR EL PODER DE DIOS POR MEDIO DE LA PALABRA

Venga a mí tu misericordia, oh, Jehová;
tu salvación, conforme a tu dicho.

SALMOS 119:41

13

LA ESCALERA DEL PODER ESPIRITUAL PARA EL CRISTIANO

Oh, Dios, Dios de la verdad eterna, vengo y me postro ante ti.
Tu Palabra es mi roca y mi fundamento durante los momentos
de cansancio. Confío en ti y busco en ti mi porción de gracia
diaria. Tus promesas han sido fieles en todas las generaciones,
y descanso mi vida sobre las promesas de tu Palabra que se
van cumpliendo. Tus promesas, como flores de un jardín, han
llenado mi vida con la fragancia de tu presencia. Amén.

Para mí, lo más increíble de la vida cristiana es la naturaleza creciente o progresiva de mi relación personal con Dios por medio de Jesucristo. La evidencia aplastante sugiere que hoy día no son muchos los cristianos que experimentan esta progresión, a la que llamaré "la escalera del poder espiritual". Las promesas de Dios, administradas por el Espíritu Santo, nos capacitan para crecer en nuestra capacidad de conocer a Dios y cumplir sus propósitos para nuestras vidas.

Fundamento la imagen de la escalera en aquella visión que tuvo Jacob una noche, en un momento temprano de su vida, mientras huía de aquel hermano al que había arrebatado la herencia y del padre al que había engañado. Aquella noche, Jacob tuvo un encuentro con Dios que transformó todo su concepto de Él. Al episodio lo llamamos "la escalera de Jacob".

Gracias a esta experiencia, Jacob se vio impulsado por una promesa de Dios que guardó consigo hasta el día de su muerte:

Y soñó: y he aquí una escalera que estaba apoyada en tierra, y su extremo tocaba en el cielo; y he aquí ángeles de Dios que subían y descendían por ella. Y he aquí, Jehová estaba en lo alto de ella, el cual dijo: Yo soy Jehová, el Dios de Abraham tu padre, y el Dios de Isaac; la tierra en que estás acostado te la daré a ti y a tu descendencia. Será tu descendencia como el polvo de la tierra, y te extenderás al occidente, al oriente, al norte y al sur; y todas las familias de la tierra serán benditas en ti y en tu simiente. He aquí, yo estoy contigo, y te guardaré por dondequiera que fueres, y volveré a traerte a esta tierra; porque no te dejaré hasta que haya hecho lo que te he dicho (Gn. 28:12-15).

En esta vida todo se fundamenta en algún tipo de promesa. Puede ser la hipoteca de tu hogar, un préstamo para tu coche, un empleo que tengas o incluso tu vínculo matrimonial. Todos estos aspectos de la vida, y muchos otros, dependen de una promesa. Todo problema es la consecuencia de una promesa rota, y toda relación depende de las promesas que se han hecho.

Comprender las promesas que Dios nos hace

Según la Biblia, Dios hace a su pueblo tres tipos de promesas. Primero, hay promesas limitadas. No son aplicables a todo el mundo, sino solo a un grupo determinado de personas. Dios hizo a Israel ciertas promesas que solo se aplicaban a ese pueblo. Hizo otras promesas a tribus individuales dentro de la nación israelita.

Luego tenemos las promesas generales de Dios, aplicables

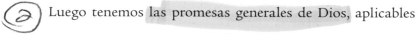

a todo el mundo. Entre ellas se cuentan los compromisos que ha hecho Dios respecto a la salvación. La salvación está accesible para todos los hombres, tanto judíos como gentiles. Todo el mundo puede acceder a esas promesas.

(3) Por último, hay promesas concretas hechas a individuos. Sobre todo cuando estudiamos el Antiguo Testamento, encontramos que, de vez en cuando, Dios hacía una promesa específica a un individuo con un propósito determinado. Pensemos, por ejemplo, en el relato de Gedeón y su vellón de lana, que hallamos en Jueces 6. Dios concedió a Gedeón una promesa concreta que no era aplicable a nadie más.

A menudo cantamos un himno que dice "Todas las promesas del Libro son mías, mías, mías; cada capítulo, cada versículo, cada línea". Es un himno muy bonito, pero no es cierto del todo. No todas las promesas de la Biblia me son aplicables.

Si no estás de acuerdo, a lo mejor te gustaría animar a todas las mujeres de tu iglesia, el próximo domingo por la mañana, a que reclamaran la promesa que Dios hizo a Sara, de que tendría un hijo pasada ya la edad para tenerlo. Sería ridículo. La promesa que Sara recibió de Dios fue concreta, dirigida a un individuo concreto; no es aplicable a nadie más.

Me gusta tener en mente que en la Biblia todo es para mí, pero no todo habla de mí. Es necesario que tenga cierto grado de discernimiento espiritual para descubrir lo que Dios me dice realmente hoy. Acepto toda la Biblia, cada capítulo, versículo y palabra, como Palabra de Dios. Sin embargo, algunas cosas de la Biblia no se me aplican personalmente. A medida que el Espíritu Santo me guía por esta batería de promesas, llego a las que son para mí. Si no mediara la fidelidad del Espíritu Santo, esto sería un laberinto de confusiones.

Debemos preguntarnos: *¿Cuál es el propósito de las promesas de Dios? ¿Cómo afectan esas promesas a mi relación con Dios y a mi caminar con Él todos los días?* Ten esto en mente: las promesas de

Dios revelan todo lo que debemos saber sobre Él y, lo que es más importante, todo lo que Dios quiere que seamos.

El primer paso para evaluar una promesa es descubrir quién está detrás de ella. Una promesa es tan válida como la persona que la hace. ¿Es capaz de cumplirla? ¿Qué dice esta promesa concreta sobre la persona que la hace? Cualquier persona puede prometerte lo que sea, pero la única promesa legítima viene de la persona capaz de cumplirla. Dios no solo es capaz de cumplir las promesas que nos hace, sino que desea hacerlo.

Las religiones, en general, prometen mucho, pero el tiempo ha demostrado que no pueden cumplir aquello de lo que se jactaba. Elige la religión que quieras y analiza sus promesas; descubrirás que no las cumple.

Cristo cumple plenamente todas y cada una de las promesas que realiza. Esto es lo que hace que las promesas de Dios sean tan maravillosas, además de tan necesarias en mi caminar con Cristo.

De la misma manera que la escalera que Jacob vio en su visión subía desde donde estaba Él hasta los cielos donde estaba Dios, las promesas divinas nos acercan más a la presencia de Dios. Esto fue lo que descubrió Jacob: "Y despertó Jacob de su sueño, y dijo: Ciertamente Jehová está en este lugar, y yo no lo sabía" (Gn. 28:16).

Las promesas de Dios revelan aspectos de su naturaleza

Al observar las promesas de Dios, de Génesis a Apocalipsis, vemos que tras cada una de ellas existe un propósito divino. Las promesas de Dios no son fruto de sus caprichos, de que prometa cosas arbitrarias para que su pueblo se sienta bien consigo mismo y feliz. Las promesas de Dios son dinámicas y deliberadas, y cuando las aceptamos, nuestra vida cristiana empieza a ascender a niveles de poder espiritual que nunca antes conocimos.

Una mirada más atenta a las promesas de Dios nos descubre que tienen una doble naturaleza. Primero, cada promesa divina revela aspectos de su naturaleza y de su carácter que Él desea que su pueblo conozca.

Muchas personas han oído hablar de Dios. El problema es que son pocas las que conocen a Dios como Él quiere. Una cosa es saber que Dios existe o pensar que "ahí arriba hay alguien a quien le gusto"; otra cosa muy distinta es conocer a este Dios en el nivel profundo que Él desea.

Las promesas de Dios muestran al corazón adorador quién es Él. Este es el centro de todas las revelaciones que hace de sí mismo. A Dios le encanta que le conozcan, y la pasión de todo creyente es conocerle más y más íntimamente cada día que pasa.

Déjame ofrecerte algunas ilustraciones para que entiendas lo que digo. Tomemos, por ejemplo, la promesa que tenemos en 1 Pedro 5:7: "echando toda vuestra ansiedad sobre él, porque él tiene cuidado de vosotros". ¿Qué nos dice esta promesa sobre Dios? Partiendo de esta promesa, ¿qué es lo que Dios quiere revelarnos de sí mismo?

Esta promesa nos revela a un Dios que se interesa profundamente por las cosas que nos cargan día tras día. A Dios le interesan los detalles de nuestra vida cotidiana, no solo los momentos de emergencia, cuando estamos desesperados o corremos peligro. Por supuesto que a Dios le preocupan esos momentos de nuestras vidas. Pero esta promesa nos revela a un Dios que quiere tener tanta intimidad con nosotros que comparte nuestras preocupaciones diarias. Desea identificarse con nosotros hasta tal punto que no solo nos sintamos a gusto en su presencia, sino que la busquemos con todo el corazón. ¡Sin duda esta es una promesa que los cristianos deben aceptar con entusiasmo!

Pensemos en otro ejemplo que hallamos en 1 Juan 1:9: "Si confesamos nuestros pecados, él es fiel y justo para perdonar nuestros pecados, y limpiarnos de toda maldad". Una vez más, vemos una promesa sencilla de Dios. ¿Qué nos revela sobre su persona? ¿Qué intenta decirnos Dios sobre sí mismo en este versículo?

Esta es probablemente la revelación más maravillosa de Dios que podríamos tener: Dios es un Dios perdonador. Es fiel y justo para perdonar nuestros pecados. Dios no nos perdona por algún afecto caprichoso que sienta por nosotros, o por un impulso pasajero que pueda cambiar mañana. Más bien, el perdón de Dios se fundamenta en el carácter y la naturaleza inmutables de Dios ("Porque yo Jehová no cambio", Mal. 3:6), y no hay pecado que Dios no pueda perdonar. Dios desea revelarnos que su capacidad de perdonar es mayor que la nuestra de pecar, y que todo el mundo tiene acceso a este perdón por medio del Señor Jesucristo.

Veamos una ilustración más, de Proverbios 3:5-6: "Fíate de Jehová de todo tu corazón, y no te apoyes en tu propia prudencia. Reconócelo en todos tus caminos, y él enderezará tus veredas". ¿Quién no se ha refugiado en esta maravillosa promesa de Dios?

Lo que Dios intenta revelarnos sobre su persona en esta promesa es que se interesa personalmente en el camino que sigue nuestra vida. Desea dirigir nuestro rumbo y, cuando lo hace, podemos estar seguros de que avanzamos por la ruta correcta, en la dirección idónea. A Dios le interesa personalmente cada paso que doy todos los días de mi vida, e intenta revelarme por medio de esta promesa que puedo confiarle la dirección general de mi vida. Nunca me abandonará ni me llevará en la dirección equivocada.

Las promesas siguen adelante, revelándonos algo sobre la naturaleza y el carácter de Dios que Él quiere que sepamos. Seguir esas promesas supone descubrir aspectos de la naturaleza divina que hallan eco en nuestra propia naturaleza.

Cuando me dejo empapar por las promesas de Dios, empiezo a entender su corazón y su pasión, no solo por toda la humanidad, sino dirigidos especialmente hacia mí. Estudiar las promesas de Dios que encuentro en su Palabra no me aporta un mero conocimiento académico; el Espíritu Santo tiene poder para revelarme por medio de esas promesas lo que Dios quiere que conozca sobre Él. ¡Qué alegría es empezar a conocer a Dios como quiere ser conocido! No busco que el mundo me defina quién es Dios. No quiero que ni siquiera la religión me defina a Dios. Quiero que el Espíritu Santo me revele a Dios por medio de las promesas, extraordinariamente grandes y preciosas, que Él me ha dado.

Las promesas de Dios revelan sus expectativas

El segundo aspecto de estas promesas de Dios es que revelan lo que espera de nosotros. Cada promesa revela algo que Dios espera que seamos, hagamos o algo en lo que nos convirtamos. No tenemos que adivinar lo que quiere Dios de nosotros. No tenemos que esperar hasta estar al otro lado para descubrir lo que esperaba Dios de nosotros durante nuestra vida. Por medio de sus promesas, el Espíritu Santo empieza a revelarnos las elevadas expectativas que tiene Dios para nuestras vidas.

Volvamos a ver las mismas promesas que usé antes para desvelar el carácter y la naturaleza de Dios. En estas promesas empezaremos a entender lo que Dios espera de nosotros.

Tomemos el primer ejemplo, 1 Pedro 5:7: "echando toda vuestra ansiedad sobre él, porque él tiene cuidado de vosotros". ¿Qué me revela esta promesa sobre lo que Dios espera de mí?

Partiendo de esta promesa vemos que Dios espera que eche todas mis preocupaciones sobre Él. Espera que no transporte mis cargas, sino que se las entregue a Él por completo. "Llevad mi yugo sobre vosotros, y aprended de mí..." (Mt. 11:29).

¿Cuántos de nosotros nos esforzamos en vivir la vida cristiana llevando nuestras propias cargas, como hizo Cristiano en la obra clásica de Paul Bunyan, *El progreso del peregrino*? Como el peregrino de la historia, estamos lastrados con todas las inquietudes que nos proporciona el mundo. Parece que cada carga es como un imán, que atrae preocupaciones adicionales que se pegan a nuestra vida. En esta promesa veo que Dios espera de mí que eche en Él todos esos problemas y la ansiedad que los acompaña.

¡Cómo debe entristecer a Dios ver a tantos cristianos que no entienden sus expectativas! ¡Qué mal debe sentirse al vernos soportar innecesariamente cargas tan pesadas que tropezamos y caemos bajo su peso!

Volvamos a examinar ahora la promesa que encontramos en 1 Juan 1:9: "Si confesamos nuestros pecados, él es fiel y justo para perdonar nuestros pecados, y limpiarnos de toda maldad". ¿Cuál es la expectativa que Dios tiene de mí en esta promesa?

Dicho con sencillez, Dios espera que confesemos nuestros pecados. Espera que admitamos nuestros fracasos, faltas, errores e incapacidades (llámalas como quieras) y las reconozcamos ante Él. Podemos esconder cosas a amigos y parientes, pero a Dios no se le puede ocultar nada. De hecho, algunas traducciones de este versículo sugieren que significa, sencillamente, que debemos estar de acuerdo con Dios sobre lo que es pecado en nuestras vidas. Según esta promesa, Dios espera de nosotros que seamos abiertos y sinceros con Él sobre los problemas de nuestra vida. Cuanto mejor conocemos a Dios, más capaces somos de confiar en Él con nuestras confesiones.

Quienes han cumplido esta expectativa de Dios han descubierto que los capacita para vivir para Él. Dios espera plenamente no solo que confesemos nuestros pecados, sino también que caminemos bajo el fulgor del perdón. En el Antiguo Testamento, José entendió esto cuando dijo a sus hermanos: "Vosotros pensasteis mal contra mí, mas Dios..." (Gn. 50:20). Ese elemento "mas Dios" lo cambia todo.

La tercera promesa era Proverbios 3:5-6: "Fíate de Jehová de todo tu corazón, y no te apoyes en tu propia prudencia. Reconócelo en todos tus caminos, y él enderezará tus veredas". ¿Qué dice esta promesa que Dios espera de mí?

Dios espera que confíe en Él, y no en mí mismo. No debemos intentar cuestionar a Dios. No debemos basarnos en nuestra propia agenda, más bien, debemos confiar en Dios sobre todas las cosas de nuestra vida. Dios espera esto de mí. No espera que sea yo quien provea mi propia guía y dirección en la vida. Espera que le entregue mi futuro por completo, y que confíe en la sabiduría de Aquel que conoce el final ya desde el principio.

¿Por qué nos cuesta tanto confiar plenamente en Dios? Sencillamente, porque no hemos permitido que el Espíritu Santo nos revele a Dios como Él desea ser revelado. Cuando cedamos al Espíritu Santo, Él será fiel para ejercer su liderazgo sobre esta área de las promesas divinas. Nos mostrará a Dios como quiere ser conocido y como nos deleitamos en conocerle.

Al armonizar nuestras vidas con las promesas de Dios, empezamos a entender el camino que nos lleva hacia su corazón. Del mismo modo que la escalera de Jacob ascendía hacia Dios, las promesas divinas nos llevan hacia arriba, en un viaje hacia el corazón divino. Estas promesas son claves para capacitarnos para ser todo aquello que Él desea. Cuando entendemos quién y qué es Dios, tal como Él desea revelarse, podemos apreciar lo que Él espera de nuestras vidas cada día.

Todo problema en la vida cristiana es el resultado de una mala apropiación de las promesas divinas. Muchos las contemplan y solo ven su faceta superficial, no la verdadera profundidad que Dios quiere que vean. El motivo de que el cristianismo evangélico se encuentre hoy día en una postura tan indefensa es que no ha aceptado las promesas de Dios a la luz de su importancia desde el punto de vista divino.

Muchos están tan absortos con las tendencias, la tecnología, las técnicas y las trivialidades de nuestra época que no aprecian la realidad de la presencia de Dios en nuestras vidas cada día. La clave para esa realidad se percibe en las promesas que Dios nos ha dado. Lo que nos fascine nos guiará; de modo que ruego al Señor que lo único que me fascine sea Dios y su gloria maravillosa.

"Tu Palabra es como un jardín"
Edwin Hodder (1837-1904)

Tu Palabra es como un jardín, Señor,
con flores resplandecientes y bellas;
puede arrancar allí un ramillete hermoso
todo aquel que busca.
Tu Palabra es como una profunda mina;
joyas ricas y preciosas
hay escondidas en sus profundidades
para todo el que allí escudriña.

Tu Palabra es como una hueste de estrellas;
mil rayos de esplendor,
guían al viajero, y llenan de luz su travesía.
Tu Palabra es como una armería
donde los soldados pueden reparar,
y encontrar allí para el día de batalla
todas las armas necesarias.

Oh, que ame tu preciosa Palabra,
que explore la mina,
que sus fragantes flores recoja,
que brille sobre mí la luz.
Oh, que encuentre allí mi armadura,
tu Palabra mi confiada espada;
aprenderé a combatir con cada enemigo
las batallas del Señor.

Trad. Carlos Tomás Knott

14

El poder de la Palabra de Dios para con su pueblo

Oh, Dios, cuando miro los cielos, mi corazón salta de alabanza
y adoración a tu persona. ¡Que hayas condescendido a
pensar en alguien como yo! No tengo nada deseable, y sin
embargo miras mi corazón con gran anhelo. Tu Espíritu
me ha revelado aquello que solo Él puede revelar: que me
amas y te complaces en mí. En el nombre de Jesús, amén.

Dios escribió la Biblia tal como se nos dio al principio, y es una fuente confiable de verdad auténtica. Todo lo que contiene es cierto, pero no todo lo que es cierto está contenido en ella. Podemos aprender de la Biblia todo lo que nos enseña, pero de la Biblia no puede aprenderse todo, por el motivo de que la Biblia no lo enseña todo ni afirma hacerlo. La Biblia enseña lo que tiene que ver con la redención. Es un libro que se interesa por nuestro rescate del pecado y de la muerte, nuestra rehabilitación moral y nuestra regeneración espiritual.

El propósito deliberado de las Escrituras es mantenernos en el buen camino, hacernos útiles, induciéndonos a crecer hacia la madurez de un cristiano adulto, y prepararnos para el viaje a la eternidad. El interés de la Biblia radica en tales cosas; sin embargo, la geometría no le interesa.

No podemos ir a la Biblia para aprender geometría, pero sí

acudir a ella y aprender que "de tal manera amó Dios al mundo, que ha dado a su Hijo unigénito" (Jn. 3:16). No podemos aprender en la Biblia cómo hornear una tarta o lanzar un cohete al espacio, pero sí podemos descubrir que "el que no naciere de nuevo, no puede ver el reino de Dios" (Jn. 3:3).

La Biblia revela la verdad que necesitamos saber para vernos salvos del pecado, regenerados, moral y espiritualmente rehabilitados, y preparados para el día del Señor. Todo está ahí, y es esto lo que quiero decir cuando afirmo que la Biblia es la única fuente para nuestra práctica diaria; la única fuente definitiva y auténtica de información relativa a las cosas relacionadas con nuestra salvación.

Las verdades que pueden descubrirse en la Biblia y las que no

Entre las verdades que hallamos en las Escrituras se encuentran las que se nos manifiestan como revelaciones. Una revelación es el desvelamiento de verdades que antes no se conocían y que no se pueden descubrir.

Hay cosas que se pueden descubrir. Los científicos descubrieron el átomo. Un siglo antes de Cristo, Lucrecio escribió un libro, *Sobre la naturaleza de las cosas*, y nos dijo que existían los átomos. Pensaba que los átomos eran diminutas partículas duras de materia con las que se elaboraban todas las cosas, del mismo modo que el cemento para la construcción se elabora con pequeñas porciones de arena y cemento. Podemos disgregar algo y descubrir las partículas diminutas que lo componen. Lucrecio se acercó maravillosamente a la verdad sobre los átomos, a pesar de que no contaba con las ventajas de las técnicas científicas y la información modernas.

La estructura molecular y las cosas por el estilo se pueden descubrir. Incluso algunas de las verdades que hallamos en las

Escrituras pueden descubrirse. Aunque Dios inspiró la escritura de la Biblia y a aquellas personas de las que leemos en sus páginas para que dijeran cosas, a menudo tales cosas se podían descubrir. Por ejemplo, David dijo:

> Cuando veo tus cielos, obra de tus dedos, la luna y las estrellas que tú formaste, digo: ¿Qué es el hombre, para que tengas de él memoria, y el hijo del hombre, para que lo visites? (Sal. 8:3-4).

Esto fue un comentario inspirado en el que el Espíritu de Dios movió a David para que escribiera este salmo, y contiene un beneficio espiritual para nosotros. Pero no es una revelación, porque es una reacción que cualquiera podría tener, incluso un ateo o un comunista. Cualquier persona puede mirar al cielo y decir: "Cuando contemplo todo ese espacio, ¿qué es el hombre?".

Como contrapunto a la escena nocturna que describió en el salmo 8, en el salmo 19 David reflexiona sobre el cielo diurno: "Los cielos cuentan la gloria de Dios, y el firmamento anuncia la obra de sus manos. Un día emite Palabra a otro día, y una noche a otra noche declara sabiduría" (Sal. 19:1-2).

En el versículo 5 describe el sol, que, "como esposo que sale de su tálamo, se alegra cual gigante para correr el camino". Visto desde la Tierra, este es precisamente el aspecto que tiene el sol: el gran y glorioso esposo del mundo que refulge en su esplendor.

Ambos salmos son inspirados, pero en ellos no hay una revelación particular. Cualquiera podría decir lo mismo: que los cielos declaran la gloria de Dios y el firmamento la obra de sus manos. Esta es una verdad que se puede descubrir.

Puede parecer una distinción meticulosa, pero existe una diferencia entre la verdad revelada (que no se puede descubrir) y la verdad que sí se puede descubrir, pero a pesar de ello es inspirada, en el sentido de que se incorpora a las Escrituras y se convierte en parte del canon inspirado de la verdad divina. Nadie podría haber descubierto, por ejemplo, Juan 3:16: "Porque de tal manera amó Dios al mundo".

Sin embargo, volviendo a los salmos, veamos cuántas cosas se pueden descubrir aquí:

> Se llenan de savia los árboles de Jehová, los cedros del Líbano que él plantó. Allí anidan las aves; en las hayas hace su casa la cigüeña. Los montes altos para las cabras monteses; las peñas, madrigueras para los conejos. Hizo la luna para los tiempos; el sol conoce su ocaso. Pones las tinieblas, y es la noche; en ellas corretean todas las bestias de la selva. Los leoncillos rugen tras la presa, y para buscar de Dios su comida. Sale el sol, se recogen, y se echan en sus cuevas. Sale el hombre a su labor, y a su labranza hasta la tarde (Sal. 104:16-23).

Cualquier observador podría ver estas cosas, y sin embargo el Espíritu Santo inspiró al hombre de Dios a escribirlas en este salmo. Combina verdades que se pueden descubrir con otras que no es posible descubrir; escribió este poema inspirado por Dios sobre la naturaleza, quizá el poema sobre la naturaleza más importante de toda la literatura humana.

Espero no haber confundido demasiado este tema. Las Escrituras contienen tanto verdades observables como otras que no se pueden descubrir. El hombre de Dios dice, cuando contempla las estrellas y la luna de noche: "¿Qué es el hombre para que te acuerdes de él?". Es una reacción que podría tener todo el mundo, una verdad a la que se puede llegar mediante la observación y el razonamiento. Pero entonces llegamos a Juan 3:16: "Porque de tal manera amó Dios al mundo, que ha dado a su Hijo unigénito, para que todo aquel que en él crea, no se pierda, mas tenga vida eterna". Aquí no solo hay inspiración, sino también revelación de una verdad que la mente humana jamás podría descubrir.

La gloria y la escoria del universo

Tal como se revela en uno de los salmos que ya hemos comentado, David observaba a la humanidad con sus ojos humanos, y entonces, mediante una visión profética, vio al gran Hijo del Hombre. Mediante cierto tipo de doble exposición, los incluye a ambos en el cuadro: a la humanidad como hombres y mujeres ordinarios, y luego a Jesucristo como el gran hombre nacido de mujer para vivir entre la humanidad. David dice que Dios creó a la humanidad (y, durante un corto espacio de tiempo, al Hijo del Hombre) poco menos que los ángeles (ver Sal. 8:5).

Blaise Pascal, el gran matemático y filósofo francés, escribió lo siguiente en su obra *Pensées*:

> El hombre no es sino una caña, el ser más débil de la naturaleza. Pero es una caña que piensa. No necesita que el universo entero se levante para aplastarle; una exhalación, una gota de agua, bastan para destruirle; pero aun si el universo destruyera al hombre, este seguiría siendo más noble que aquel, porque sabe que muere, y el universo, incluso al prevalecer sobre él, ignora su propio poder.

También dijo esto:

> ¡Qué quimera es el hombre! ¡Qué novedad! ¡Qué monstruo, qué caos, qué sujeto de contradicción, qué prodigio! Juez de todas las cosas, débil lombriz de tierra, depositario de la verdad, sumidero de incertidumbre y de error, la gloria y la vergüenza del universo.

Esto no tiene por qué gustarnos, pero es así y más vale que lo asumamos. Somos tanto la gloria como la basura del universo, pero nunca hubiéramos sido la escoria universal si no hubiésemos elegido el sumidero. Si el pecado no hubiera entrado en el mundo y el hombre no hubiese pecado, nunca habríamos sido la escoria del universo. Cuando nuestro Señor concluya con su obra redentora, habrá vuelto a hacer que su pueblo sea la gloria del universo. Entonces vendrá para ser admirado en sus santos y glorificado en todos aquellos que le buscan.

El hombre es la criatura más débil que existe, pero es la única consciente de su debilidad, y ahí radica su gloria. Es capaz de saber lo débil que es, y ninguna otra criatura tiene el mismo conocimiento. Si le preguntásemos a un mosquito (que considero una criatura muy débil: lo tocamos y muere): "¿Eres débil?", no creo que dijera: "Sí". No sabe que es débil, y aunque lo supiera, no podría contestarnos. Ni siquiera sabría qué le habríamos preguntado. Supongo que a los mosquitos, los seres humanos no les gustamos especialmente. Si los mosquitos hablaran, nos llamarían "el animal que golpea", porque es lo único que saben de nosotros. Para los mosquitos, no somos más que las criaturas que les dan un golpe cuando se posan en nuestra piel.

El hombre es el desconocido, el digno de compasión, el maravilloso, el débil, el misterioso... y sin embargo es la única criatura que sabe que es todo esto. El hombre es la única criatura que peca, y aun así es la única que puede saber que peca y que lamenta su pecado. El hombre es el único ser que ríe; es la única criatura que sabe lo necia e incoherente que es, y que se ríe de sí mismo. Es la única criatura que aspira a más, porque no hay ningún otro ser insatisfecho consigo mismo. El hombre es el único que no está contento con lo que es, y desea ser algo más.

Hoy día los hombres pueden salir del mundo, dar vueltas a su alrededor y contemplarlo, porque somos la única criatura que aspira a trascender su realidad presente. Los demás seres vivos son exactamente lo que siempre fueron.

La única otra criatura que mejora es aquella a la que el ser humano manipula y cruza con otra. Las reses Guernsey, Jersey, Holstein y Hereford que vemos apiñadas en grupos reducidos bajo los árboles los días que hace calor son razas híbridas. Es decir, que un cuidadoso proceso de cruce ha hecho de ellas lo que son. El hombre tomó una pequeña vaquilla con el espinazo torcido y la cruzó con otra res para mejorarla. Entonces tomó a sus descendientes y los cruzó para obtener otra raza mejor, y así hasta llegar a estas reses tan hermosas. Si un hombre agarra algo, lo cruzará, porque el ser humano es el único con aspiraciones. Los demás seres vivos, no. ¿Qué nos señala esto? Que Dios hizo al hombre a su propia imagen. El hombre lleva la imagen y la semejanza de Dios, y de nada más que se pueda decir.

El ser humano es la única criatura que ora. Dios hizo al hombre para adorar; es la única criatura del mundo hecha para relacionarse con Dios de esta manera. El león ruge tras su presa, y el ave elabora su nido en los matorrales. Sopla el viento de tormenta y cae la nieve, pero la nieve no ora, ni tampoco el pájaro, ni el león, ni el viento tormentoso.

Nosotros, que oramos, podemos leer oraciones en la naturaleza, pero no están en ella hasta que imaginamos que sí están. Oímos que el viento sopla y decimos que musita sus oraciones al cielo, pero eso no es más que nuestra imaginación. El viento sopla, nada más; somos tú y yo quienes susurramos. De forma parecida, decimos que el pajarillo mete su pico en el río y luego levanta la cabeza para agradecerle el agua a Dios, pero el pájaro no hace más que levantar la cabeza para poder tragar el agua. Eso es todo. No es más que un acto mecánico. Ningún pájaro ora.

El hombre, considerado una criatura física diminuta en la vastedad del universo, es realmente pequeño. Visto como criatura espiritual en el seno de Dios, es más grande que todos los vientos que soplan, todos los montes que se yerguen, todos los mares que baten y todos los ríos que corren al mar. Es grande porque Dios le hizo a su misma imagen. Por eso el Hijo vino a nosotros como lo hizo. ¿Por qué quiso el Hijo eterno convertirse en hombre? Era el Hijo de Dios. ¿Por qué convertirse en el Hijo del hombre? Porque esa criatura portadora de la imagen de Dios había pecado; se había convertido en la gloria y en la escoria del universo.

Cristo, cabeza de la humanidad

Cristo vino en forma humana para llegar hasta el mismo punto en que estábamos. Si hubiera llegado al mundo como un niño de diez años, habría habido nueve años de los que no sabríamos nada. Si hubiera venido como un niño de cinco, los años ignotos hubieran sido cuatro. Si hubiera llegado teniendo un año, los meses anteriores serían desconocidos.

Incluso si hubiera venido como un bebé mediante un milagro distinto al nacimiento, quedarían por explicar los nueve meses anteriores. Pero "el Santo Ser que nacerá, será llamado Hijo de Dios" (Lc. 1:35). Jesús se remontó hasta el inicio originario de la vida humana, para saber todo lo que sabe el hombre y desarrollarse de la misma manera que cualquier otro, hasta llegar a la madurez plena.

Vino hasta donde estábamos. Si hubiera nacido en un palacio, es posible que hubiera habido personas, nacidas en chozas de adobe y de paja, a las que no habría comprendido; pero nació en un establo para conocer a los más pobres entre nosotros.

Ahora Cristo es la cabeza corpórea de la raza humana y, bajo su mando, la humanidad recuperará su soberanía perdida. "Todo lo sujetaste bajo sus pies. Porque en cuanto le sujetó todas las cosas, nada dejó que no sea sujeto a él; pero todavía no vemos que todas las cosas le sean sujetas", dice el escritor de Hebreos (2:8).

Jesús vino para gustar la muerte por todos los hombres. El verbo "gustar" no significa probar, como lo haría un niño con un alimento para luego rechazarlo. Significa "experimentar". Jesús experimentó la muerte por todas las personas. Nació, se hizo hombre, murió y resucitó de entre los muertos. Salva a su Iglesia, es decir, ese pueblo redimido, regenerado, lavado por su sangre, perdonado, que forma la verdadera Iglesia. La Iglesia que Dios reconoce y aprueba dentro de la vasta cristiandad que Él rechaza.

Aún no vemos con nuestros ojos todas las cosas sometidas a Él; pero, por la fe, sí que las vemos. La fe es cierto tipo de vista, porque ve lo que aún no ha sucedido. Si tenemos fe, actuamos como si pudiéramos ver las cosas que creemos. Si afirmamos creer pero no tenemos fe, actuamos como si fuésemos incrédulos.

Decimos que creemos en la revelación. Creemos en la inspiración. Creemos en el hombre hecho a imagen de Dios. Creemos en Dios, quien hizo a la imagen del hombre la encarnación del Hijo santo. Decimos que creemos que Cristo gustó la muerte por todos los hombres, para que dejemos de ser la deshonra de este universo y volvamos a ser su gloria.

Sin embargo, si creemos realmente tales cosas, empezaremos a actuar como si las viéramos. Recuerda que tú no crees de verdad en algo hasta que actúas en consonancia con ello. Cuando alineas tu vida con tu fe, eres creyente, pero cuando tu vida no encaja con tu fe, no eres para nada un verdadero creyente. Creemos que Cristo gustó la muerte por todos los hombres, y que pronto triunfará sobre todas las cosas, y Dios someterá todas las cosas bajo sus pies. Yo creo esto. Creo que habrá un nuevo cielo y una nueva tierra, en los que habitará la justicia.

Dios limpiará su universo. Cuando venga Aquel que reinará por derecho, y sea el Señor sobre toda su creación, habrá un nuevo cielo y una nueva Tierra. Toda la creación, sometida ahora a la esclavitud de la depravación, espera ese gran día. Dios permitirá que el ardor de su presencia destruya todo mal, de modo que pueda sustituirlo por todo lo que es bueno.

El Espíritu Santo dice: "No vemos todas las cosas sometidas a Dios, pero vemos a Jesús". Dios ha sometido todas las cosas bajo sus pies. Aún no hemos visto que sea así, pero tenemos fe, y veremos a Jesús, quien durante un poco de tiempo fue hecho menor que los ángeles para poder gustar la muerte. Le vemos coronado con gloria y honra a la diestra de Dios, el Padre todopoderoso. Cuando regrese, pondrá todas las cosas bajo sus pies.

Por lo que a mí respecta, con la ayuda de Dios, quiero vivir para ese momento. Quiero que mi dinero viva para ese momento. Quiero que mis talentos, sean cuales fueren, vivan para ese momento. Quiero entregar mi tiempo para aquella hora en que Él volverá. No quiero vivir para el mundo mientras se acerca ese instante. Quiero vivir para ese día mientras se aproxima. Creo con todo mi corazón que Dios ha puesto todas las cosas bajo sus pies, y que uno de estos días Él volverá para recuperar su poder y su reino. *Que Dios permita que tú y yo estemos listos. Amén.*

Pronto la noche viene
Anna L. Coghill (1836-1907)

Pronto la noche viene,
tiempo es de trabajar;
los que lucháis por Cristo
no hay que descansar;
cuando la vida es sueño,
gozo, vigor, salud,
y es la mañana hermosa
de la juventud.

Pronto la noche viene,
tiempo es de trabajar;
para salvar al mundo
hay que batallar;
cuando la vida alcanza
toda su esplendidez,
cuando es el mediodía
de la madurez.

Pronto la noche viene,
tiempo es de trabajar;
si el pecador perece,
idlo a rescatar,
aun a la edad madura,
débil y sin salud,
aun a la misma tarde
de la senectud.

Pronto la noche viene,
¡listos a trabajar!
¡Listos!, que muchas almas
hay que rescatar.
¿Quién de la vida el día
puede desperdiciar?
"Viene la noche y nadie
puede trabajar".

15

LA PALABRA DE VIDA

*Tu Palabra, oh, Dios, me ha conferido la vida eterna por medio
de Aquel que es el Verbo de vida. Mi pecado ha sido mi desgracia,
y me ha hecho perder la sincronía con tu gloriosa voluntad.
Gracias te doy, oh, Verbo viviente, porque por medio de mi
confesión Tú eres fiel y justo para limpiarme de todo mi pecado
y volver a armonizarme con tu bendita voluntad. Amén.*

El apóstol Juan, en su primera epístola, usa la expresión "el Verbo de vida" para referirse a Jesucristo. Esta expresión ha llegado a ser muy importante para los creyentes a lo largo de los siglos. Con ella, Juan declara una verdad sobre Jesucristo que es absolutamente esencial para nuestra experiencia cristiana cotidiana. Esta declaración se refiere a *Emmanuel*, Dios hecho carne.

Juan estaba muy familiarizado con los relatos notables de lo que hoy llamamos Adviento. Estuvo allí para ser testigo de excepción: "Lo que era desde el principio, lo que hemos oído, lo que hemos visto con nuestros ojos, lo que hemos contemplado, y palparon nuestras manos tocante al Verbo de vida" (1 Jn. 1:1). Juan ofrece un testimonio personal que no podemos tomarnos a la ligera.

También nosotros estamos bastante familiarizados con los relatos sobre el Adviento y nos centramos en ellos una vez al año. Lamentablemente, hemos acumulado en torno al primer Adviento muchas tradiciones y relatos que parecen desviar del verdadero propósito por el que vino Cristo. Juan se toma tiempo para explicar, desde su punto de vista como testigo presencial, cuáles son los elementos esenciales y qué necesitamos para apreciarlos en este momento tan alejado cronológicamente del suceso. Lo que comparte con nosotros no es una verdad que debamos observar una vez al año y luego volver a guardarla en el trastero con el resto de la parafernalia propia de la época del año. Esta verdad dota de energía el caminar cotidiano del cristiano.

Juan, el discípulo amado, empieza su epístola con la frase: "En el principio". Esto resulta muy interesante, porque echa los fundamentos para entender que el nacimiento físico de Jesucristo no fue su principio. La terminología de este pasaje nos habla de la eternidad de Cristo. Juan da testimonio sobre la manifestación, en un momento concreto, de aquello que es eterno. Pablo lo expresa de una forma un poco distinta: "Pero cuando vino el cumplimiento del tiempo, Dios envió a su Hijo, nacido de mujer y nacido bajo la ley" (Gá. 4:4).

¿Antes o después?

Los hechos de la eternidad y de la encarnación de Cristo dan pie a cierto número de paradojas. Desde el punto de vista histórico, este Cristo del que escribe Juan es el "Hijo de David", y sin embargo le precede. Esta es la maravillosa incoherencia que encontramos cuando observamos la persona de Jesucristo. ¿Cómo es posible que un hijo nacido de un padre nazca antes que este? ¡Oh, las fantásticas incongruencias que encontramos cuando Dios intenta adaptarse al entendimiento limitado del ser humano! Solo por fe podemos asimilar esta verdad maravillosa.

Entonces se habla de Jesús como "la simiente de Abraham", pero existió también antes que Abraham. Jesús dice a los líderes religiosos que le cuestionan: "De cierto, de cierto os digo: Antes que Abraham fuese, yo soy" (Jn. 8:58). Imaginemos a esos viejos fariseos, expertos en la ley religiosa, rascándose la cabeza mientras intentaban entender lo que acababa de decir Jesús.

A Jesús también se le llama "el postrer Adán", pero se remonta incluso a un punto anterior al primer Adán. Intentar situar a Cristo en una secuencia cronológica es imposible, porque existía antes del tiempo. Se cierne por encima y más allá del tiempo. De hecho, fue el tiempo lo que fluyó de los labios de Aquel al que se le llama "el Anciano de días".

Cristo no deriva su gloria de David, Abraham o Adán. La gloria de ellos procede de la suya y, al darles gloria, no merma su propia gloria en ningún sentido. La que tiene es inextinguible. Lo que da no reduce en nada lo que tiene. "Yo soy el Alfa y la Omega, principio y fin, dice el Señor, el que es y que era y que ha de venir, el Todopoderoso" (Ap. 1:8).

A menudo se compara a Cristo con Aarón, pero este paralelo se invalida pronto. Aarón tuvo un principio, pero Cristo ya estaba "en el principio". Aarón ofrecía sacrificios por sus propios pecados, mientras que Cristo se entregó por los pecados del mundo. Aarón derivaba su gloria de su sacerdocio, pero Cristo dio de su gloria a otros, como Aarón. El sacerdocio de Aarón concluyó, pero Cristo tiene un sacerdocio que es para siempre, un sacerdocio que se extiende hasta los aspectos inescrutables de la eternidad, llegando a esa atmósfera tan enrarecida en la que el tiempo no existe.

Siempre que contamos un relato, este tiene tres elementos: el principio, el punto medio y el final. Cuando llegamos a la historia de Cristo, es imposible empezar por el principio. Juan usa la Palabra "principio" para transmitir a sus lectores una idea aproximada de lo que intenta decirles. Jesucristo existió desde el principio en el sentido de que *era* antes de que empezara todo lo demás.

La manifestación de la Palabra viva

La declaración que hace Juan relativa al Emmanuel empieza diciendo "en el principio". Entonces Juan pasa a declarar que Aquel que ha venido en la carne es "el Verbo de vida". La expresión que usa Juan aquí se aplica a Jehová. Vincula al Cristo del que fue testigo, y con el que trató, con el Jehová del Antiguo Testamento.

Moisés, frente a la zarza ardiente, preguntó a Dios: "Dijo Moisés a Dios:

He aquí que llego yo a los hijos de Israel, y les digo: El Dios de vuestros padres me ha enviado a vosotros. Si ellos me preguntaren: ¿Cuál es su nombre?, ¿qué les responderé?" (Éx. 3:13)

La respuesta fue: "YO SOY EL QUE SOY... Así dirás a los hijos de Israel: YO SOY me envió a vosotros" (v. 14).

Ese era Jehová, la esencia intemporal de Dios en su revelación a la humanidad. No hay una manera mejor de explicar a Dios. Muchas personas dedican mucho tiempo y muchas palabras intentando explicar lo que es Dios, y fracasan miserablemente. El lenguaje solo puede llegar hasta cierto punto; no puede explicarnos plenamente el misterio de Aquel al que llamamos Jehová. Esta gloria que Juan comparte con nosotros, esta idea reluciente, refulgente, que procede de Dios. El Verbo eterno de Dios, dice Juan, habitó entre nosotros.

Luego sigue diciendo que este Verbo de vida se manifestó: "porque la vida fue manifestada, y la hemos visto, y testificamos, y os anunciamos la vida eterna, la cual estaba con el Padre, y se nos manifestó" (1 Jn. 1:2).

Juan testifica que Dios vino donde los seres humanos pudieran experimentarle. Cristo se manifestó de tal manera que Juan y sus condiscípulos pudieron ser testigos y anunciar que tales cosas eran ciertas. Antes que esto, el hombre solo podía oír hablar de Dios. Ahora, como declara Juan, podemos experimentar a Dios en un nivel personal. Podemos conocer a Dios como Él se deleita en ser conocido por su pueblo.

Esa Vida eterna se hizo carne humana, y Juan testifica osadamente que oyeron, vieron y tocaron al Verbo de vida. Imagino que, mientras Juan escribía esto, su corazón estaba inundado por el aura maravillosa de esa presencia manifiesta. Esta es la meta de toda experiencia cristiana: conocer a Dios en su presencia manifiesta, esa misma presencia que estuvo con Juan después de su encuentro con Cristo tras su resurrección, en aquel aposento alto. A partir de ese momento, al pensar en Cristo había algo que le llenaba el corazón con un gozo inexpresable.

Nosotros también podemos experimentar la presencia manifiesta de Dios tal como Juan la describe en esta epístola. Por eso las Escrituras son tan absolutamente esenciales e importantes en la vida del cristiano. Cuando acudimos a la Palabra de Dios, no lo hacemos solamente en busca de información; venimos a encontrarnos con el Verbo viviente de Dios. No logro entender cómo algunos leen un poco de aquí y un poco de allá y luego se alejan. La tendencia de muchos hoy hacia el análisis frío roza la blasfemia. No quiero quedarme solo con el texto. Quiero ver más allá de este y encontrarme con Cristo, el Verbo de vida.

Ha habido momentos en los que me he perdido en la presencia manifiesta de Dios mientras meditaba en su Palabra; se me ha acercado mucho de forma misteriosa, que desafía toda explicación. Si puedes explicar algo para satisfacer la razón lógica, entonces no es Dios. No habremos leído de verdad las Escrituras hasta que hayamos experimentado la presencia manifiesta del Verbo de vida, que es Jesucristo.

¿Qué nos revela todo esto de Dios?

Primero, según la declaración de Juan, Dios es vida. Muchos intentan localizar la fuente de vida, y la mayoría miran en la dirección incorrecta. Pero en la manifestación del Verbo de vida, que es Jesucristo, descubrimos la verdadera fuente de vida. Se nos ha concedido vida eterna por medio de Jesús. Muchos especulan sobre lo que significa el adjetivo "eterna" cuando se asocia con el sustantivo "vida". La vida eterna es una calidad, no solo una duración, de la vida.

Esta vida que Dios nos da es la esencia de quién es Él. Cuando Dios nos creó, dijo: "Hagamos al hombre a nuestra imagen" (Gn. 1:26). Esto quiere decir que tenemos la capacidad de recibir de Dios algo que es exclusivamente Dios: la vida eterna, que es una calidad de vida que trasciende los factores del tiempo y el espacio.

Esta calidad de vida nos permite superar las circunstancias de nuestros tiempos y contemplar el rostro sonriente de la eternidad. No vivimos para este día o para el siguiente; vivimos para toda la eternidad. En la escuela dominical solíamos cantar una canción que decía: "Teniendo a la vista los valores eternos, amado Señor, teniendo a la vista los valores eternos. Que viva cada día teniendo a la vista, amado Señor, los valores eternos". Mi vida actual, como soy cristiano, refleja la cualidad eterna de mi Padre que está en los cielos.

La declaración de Juan sobre este Verbo de vida manifiesto también nos lleva a la verdad de que Dios es luz.

Estoy hablando de algo más que una linterna, una vela o incluso un foco. Cuando leemos que Dios es luz, debemos entender que es la vida eterna que se contempla a sí misma. Se trata de la santidad absoluta en el sentido más puro de la palabra.

Esta luz es absolutamente pura, y carece de toda mancha. Quizá exista un adjetivo mejor que "absoluto", pero no se me ocurre. La pureza de Dios es tan absoluta que su resplandor sobrepasa a todo lo demás.

Da lo mismo lo oscura y terrible que haya sido la noche: cuando el sol sale por la mañana, disipa las tinieblas. La oscuridad no puede contener la luz. Jesucristo, el Verbo de vida, es la luz del mundo, que expulsa las tinieblas de la era presente.

Entonces Juan declara que Dios es amor. Aquí tenemos la vida eterna que contempla a otros. Este amor se transmite mediante un acto espontáneo para rescatar a los que van a perderse. Es el movimiento activo de Dios hacia los pecadores, que no merecen estar en su presencia. Sin duda, ellos no pueden acudir a Él, pero es evidente que Él puede aproximarse a ellos.

Cuando Juan declara que Cristo es el Verbo de vida, nos dice que Dios es vida, luz y amor. Todos estos aspectos de Cristo se nos manifiestan por medio del brillo de la Palabra de Dios, las Sagradas Escrituras.

La obra del Verbo de vida

¿Cuál es el propósito de la manifestación de Cristo como el Verbo de vida? ¿Cómo nos afecta como creyentes y amantes de la Palabra de Dios?

El propósito primario es traer al hombre la vida de Dios. El hombre fue creado a imagen de Dios, y Dios, por el motivo que sea, busca al ser humano con una tenacidad que no tiene rival en todo el universo creado. El gran anhelo de Dios es dar vida a todo hombre, mujer y niño de este mundo. Por eso envió a su Hijo a la humanidad.

Es imposible leer las Escrituras durante mucho tiempo sin encontrar esa hebra escarlata que empieza en Génesis y llega hasta Apocalipsis. La gran oración en Apocalipsis 4:11 lo dice todo: "Señor, digno eres de recibir la gloria y la honra y el poder; porque tú creaste todas las cosas, y por tu voluntad existen y fueron creadas".

Toda la creación se debe a la voluntad de Dios o es "para su deleite". Estas son tres de las palabras más maravillosas que podemos decir. Meditar en estas palabras supone cultivar en nuestros corazones un amor que sobreabunda. Arrodillarse ante Dios, sabiendo que mi vida le agrada, es algo que me dota de poder.

Juan va un paso más lejos. El propósito del Verbo de vida es introducirnos en la comunión con Dios. Dios no se detiene al salvarnos; el propósito de ese rescate es disfrutar de una comunión con nosotros. "Tú nos has formado para ti", decía san Agustín, "y nuestros corazones se sienten inquietos hasta que en ti reposan". Esto explica la inquietud que vemos por doquier en nuestro mundo actual. Fuimos creados con un propósito, y hasta que lo descubramos y lo cumplamos, no hallaremos reposo. Ese propósito es tener comunión con el Dios que nos creó para sí. Quienes, por el contrario, pretenden encontrar sentido en los elementos de este mundo, nunca hallarán una satisfacción verdadera.

Otro propósito del Verbo de vida es adaptarnos a la plena conformidad con Dios y con su voluntad. Cuando leo y medito en la Palabra, empiezo a detectar áreas de mi vida que no están sincronizadas con la naturaleza santa de Dios como se revela en las Escrituras. Entonces, con la ayuda y la gracia del Dios todopoderoso, empiezo a introducir cambios.

Si contemplo el mundo, me adaptaré a su forma de vivir. Si contemplo el Verbo de vida, me conformaré a la voluntad de Dios. Esta conformidad fomentará mi comunión no solo con Dios, sino también con mis hermanos y hermanas en la fe. Si discrepamos de cualquier cosa que dicen las Escrituras, se manifestará en nuestra comunión con Dios y los unos con los otros. Cuando estemos cerca del Pastor, lo estaremos del rebaño.

¿Qué hacemos con aquellas cosas que vemos que no están en consonancia con la voluntad divina?

Lo primero es admitir el pecado que nos ha revelado la Palabra. Si negamos nuestro pecado, lo que hacemos es, como explica Juan en 1 Juan 1:8, engañarnos a nosotros mismos. ¿Cuántos creyentes hoy día viven una vida de engaño porque niegan algún pecado? Si negamos nuestro pecado, también manifestamos que el Verbo de vida no está de verdad en nosotros. La pregunta no es cuán grande o pequeño es el pecado. La cuestión es simplemente si una parte de nuestra vida no encaja con la voluntad de Dios.

Juan sigue diciendo que, si confesamos nuestros pecados, Dios es fiel para perdonarlos y limpiarnos de toda injusticia. Está ansioso por llevarnos a la conformidad y la comunión perfectas con Él. La Palabra de Dios me atrae hacia Él para que mi vida le agrade.

Bellas palabras de vida
Philip P. Bliss (1838-1876)

¡Oh, cantádmelas otra vez!
Bellas palabras de vida;
hallo en ellas mi gozo y luz,
bellas palabras de vida.
Sí, de luz y vida
son sostén y guía.

Jesucristo a todos da
bellas palabras de vida;
Él llamándote hoy está,
bellas palabras de vida.
Bondadoso te salva,
y al cielo te llama.

Grato el cántico sonará,
bellas palabras de vida;
tus pecados perdonará,
bellas palabras de vida.
Sí, de luz y vida
son sostén y guía.

¡Qué bellas son, qué bellas son!
Bellas palabras de vida.
¡Qué bellas son, qué bellas son!
Bellas palabras de vida.

Trad. Julia A. Butler

16

El misterio del extraño silencio de Dios

Te anhelo, oh, Dios. El ruido a mi alrededor me distrae de ese silbo apacible y delicado que suena en mi interior. Tú me hablas, y deseo escuchar tu voz. Ayúdame a guardar silencio hasta el punto en que te escuche. Que el ruido de mi generación y de la cultura que me rodea se amortigüe, de tal modo que te escuche hablarme con esa voz apacible y delicada, pero tan poderosa. En el nombre de Jesús, amén.

Una de las preguntas más problemáticas a las que se han enfrentado los cristianos a lo largo de los siglos se centra en el extraño silencio de Dios: *¿Por qué no habla Dios cuando queremos que lo haga?* Esto no solo es algo que nos confunde hoy día, sino que esta pregunta también acosó a los grandes hombres de Dios. Incluso David, un hombre conforme al corazón de Dios, se sintió perplejo por el silencio del Señor.

"A ti clamaré, oh Jehová. Roca mía, no te desentiendas de mí, para que no sea yo, dejándome tú, semejante a los que descienden al sepulcro" (Sal. 28:1).

Sin embargo, Dios no siempre ha guardado silencio, e incluso habla hoy para quienes tienen oídos con los que oírle. Quizá ese sea el problema. La inmensa mayoría de personas hoy carece de los oídos necesarios para captar la voz suave y apacible de Dios. Fue Elías, el gran profeta de Jehová, quien vio más allá del silencio de Dios:

Él le dijo: Sal fuera, y ponte en el monte delante de Jehová. Y he aquí Jehová que pasaba, y un grande y poderoso viento que rompía los montes, y quebraba las peñas delante de Jehová; pero Jehová no estaba en el viento. Y tras el viento un terremoto; pero Jehová no estaba en el terremoto. Y tras el terremoto un fuego; pero Jehová no estaba en el fuego. Y tras el fuego un silbo apacible y delicado (1 R. 19:11-12).

Cuando leemos las Escrituras, vemos que Dios habla, se revela y se manifiesta a personas. El secreto estaba en que ellas perseveraban hasta que escuchaban su voz. En el Antiguo Testamento, Dios hizo obras poderosas a la vista de los hombres. Leemos cómo sacó milagrosamente a Israel de Egipto; vemos cómo les sustentó en el desierto y les protegió mientras les conducía a la Tierra Prometida.

Escuchar a Dios en el Antiguo Testamento

A lo largo de todo el Antiguo Testamento encontramos ejemplos maravillosos de Dios en los que interviene en las vidas de personas, sobre todo de su pueblo, Israel, haciéndose real ante sus corazones y, a menudo, interfiriendo en la naturaleza y en la vida. No podría enumerar todos los ejemplos, pero veamos solamente unos cuantos.

El enfrentamiento de Elías con los profetas de Baal en lo alto del monte Carmelo es un ejemplo de la manifestación de Jehová. Elías retó a esos profetas a demostrar la realidad de su dios, Baal. Quería demostrarles que toda su jactancia no era nada sin una demostración de poder.

En un momento dado, Elías se burló de los profetas: "Y aconteció al mediodía, que Elías se burlaba de ellos, diciendo: Gritad en alta voz, porque dios es; quizá está meditando, o tiene algún trabajo, o va de camino; tal vez duerme, y hay que despertarle" (1 R. 18:27).

O Elías era un necio o estaba seguro de su Dios. El resto del relato demuestra que lo cierto era lo segundo. Elías sabía que Dios demostraría su poder y su autoridad para derrotar a todos los adoradores de Baal. El terrible silencio de Baal pronto se vería interrumpido por la voz poderosa de Dios. Cuando Dios rompe su silencio, toda la creación calla ante su presencia.

En este y en muchos otros relatos del Antiguo Testamento, nos impresiona la latente cercanía de Dios. Es lo que descubrió Jacob al despertar de su sueño: "Y despertó Jacob de su sueño, y dijo: Ciertamente Jehová está en este lugar, y yo no lo sabía" (Gn. 28:16).

A lo largo de todo el Antiguo Testamento vemos cómo Dios participó activamente en las vidas de su pueblo. Desde la liberación de Israel de manos egipcias hasta los milagros en el desierto, llegando hasta la conquista de Canaán, todo esto son escenas en las que Dios interactuó personalmente con su pueblo. Ninguna de esas experiencias tuvo ningún tipo de explicación lógica.

¿Cómo explicar la apertura del Mar Rojo?

Algunos han intentado exponer alguna idea peregrina sobre cómo pudo suceder, pero en realidad fue un acto de Dios. Fue Dios que se manifestaba a su pueblo de un modo que les hizo sentir temor reverente. La presencia manifiesta de Dios que se cernía sobre el tabernáculo a lo largo de los años de desierto fue también una indicación de "Dios en medio de ellos".

Luego leemos sobre los jueces y los reyes de Israel. Una y otra vez, vemos a Dios que toma a un hombre, como al joven pastor David, y se manifiesta por medio de él. Elías y Eliseo fueron ejemplos de ello. Explícame sus milagros, por favor. Dime cómo sucedieron tales cosas. ¿Cómo las hicieron?

Sencillamente, fue Dios quien se mostró a ellos, y por medio de ellos, tomando parte activa en sus vidas.

El Antiguo Testamento también nos enseña que el pueblo de Dios estuvo bajo la nube de su protección; nadie podía tocarlos sin antes vérselas con Jehová.

La historia de Job ilustra este principio. En torno a Job había un "cerco" que le protegía a él y a su hogar. Incluso Satanás admitió este hecho, y no pudo acercarse a Job sin el permiso de Dios.

> Respondiendo Satanás a Jehová, dijo: ¿Acaso teme Job a Dios de balde? ¿No le has cercado alrededor a él y a su casa y a todo lo que tiene? Al trabajo de sus manos has dado bendición; por tanto, sus bienes han aumentado sobre la tierra (Job 1:9-10).

Para aquellos santos del Antiguo Testamento, Jehová era una realidad en sus vidas, dado que les manifestaba su presencia de una variedad impresionante de maneras. Daban por hecho que Dios se revelaría en el momento adecuado.

Escuchar a Dios en el Nuevo Testamento

El Nuevo Testamento muestra a Dios actuando con un celo aún mayor, cerca del ser humano y de la naturaleza. Esta porción de las Escrituras empieza con la concepción y el nacimiento de Jesucristo, el Salvador. El Espíritu Santo cubrió a la virgen María, poniendo en su cuerpo la simiente del Verbo de vida. El milagro del nacimiento virginal inicia una nueva etapa de la obra redentora de Dios entre los hombres.

Si repasas la vida y la obra de Jesús, verás un aluvión de milagros que proceden de sus manos. Cada uno de esos milagros fue una demostración concreta de "Dios entre nosotros". El hombre no puede explicar estas obras divinas. No explicamos lo que creemos; creemos lo que no se puede explicar en términos humanos.

Entonces nos acercamos reverentemente a la cruz en la que murió Jesús. Aquel día el cielo estuvo muy cerca de la Tierra. En determinado momento, las tinieblas invadieron la región, de modo que ningún hombre pudo ver lo que hizo Dios en realidad. Fue un milagro, algo más allá del ámbito de la posibilidad humana. Tras la muerte de Jesús vino la resurrección, el milagro de todos los milagros.

En el libro de Apocalipsis hallamos la declaración de este Cristo resucitado: "[Yo soy] el que vivo, y estuve muerto; mas he aquí que vivo por los siglos de los siglos, amén" (Ap. 1:18).

Algunos han intentado explicar la resurrección en términos humanos. Algunos han intentado razonarla. Pero ahí está, como un punto de la historia que desafía la explicación humana, un monumento a la gracia de Dios, su poder y su propósito redentor para la humanidad.

Tras la resurrección de Jesucristo, Dios se reveló por medio de su Iglesia a un hombre necesitado. Dios no había renunciado al hombre, y seguía interviniendo en la vida de su pueblo. En Hechos 10:1-4, leemos:

> Había en Cesarea un hombre llamado Cornelio, centurión de la compañía llamada la Italiana, piadoso y temeroso de Dios con toda su casa, y que hacía muchas limosnas al pueblo, y oraba a Dios siempre. Este vio claramente en una visión, como a la hora novena del día, que un ángel de Dios entraba donde él estaba, y le decía: Cornelio. Él, mirándole fijamente, y atemorizado, dijo: ¿Qué es, Señor? Y le dijo: Tus oraciones y tus limosnas han subido para memoria delante de Dios.

Cornelio tuvo una visión y vio a un ángel de Dios. Aquí tenemos a Dios revelándose a un hombre que buscaba la verdad.

Vemos manifestaciones parecidas a todo lo largo del libro de Hechos.

En aquella iglesia primitiva, Dios estaba maravillosamente cercano a quienes le buscaban.

A medida que seguimos leyendo, descubrimos la vida del apóstol Pablo. Aquí tenemos a un hombre que vivía cada día en la presencia de Dios. Cuanto más grave era el problema que tenía Pablo, más se manifestaba Cristo. En ocasiones, Jesús acudió en persona y estuvo junto a Pablo durante la noche, dándole la seguridad de la presencia divina. El resto del Nuevo Testamento (las epístolas y el libro de Apocalipsis) demuestran constantemente la intervención de Dios en las vidas de su pueblo. Parece que, cuanto mayores eran las dificultades que padecía un cristiano o una iglesia, más se le manifestaba Dios. El lema de la iglesia primitiva fue "Dios entre nosotros".

Escuchar a Dios en la historia de la Iglesia

A lo largo de la historia de la Iglesia, vemos incontables ejemplos de un Dios que trabaja entre aquellos a los que ama: Agustín, Savonarola, el pastor Blumhardt, George Mueller, J. Hudson Taylor, D. L. Moody, A. B. Simpson... la lista sigue y sigue. Dios se manifestó por medio de esos hombres de forma milagrosa. Al contemplar sus vidas, entendemos fácilmente que para ellos Dios nunca estuvo callado. Por medio de ellos habló, se movió y alcanzó sus propósitos.

Entonces llegamos a los grandes avivamientos, como el de Gales, el movimiento de Dios en Corea, el Gran Despertar y el avivamiento en las Nuevas Hébridas, por mencionar solo unos pocos. Lee acerca de ellos y entenderás rápidamente que, sin duda, Dios no estuvo callado durante aquellos momentos de renovación. John y Charles Wesley conmocionaron al mundo con el avivamiento que Dios obró por medio de ellos. Esos avivamientos fueron épocas en las que Dios habló alto y claro a su Iglesia y por medio de ella.

En nuestro propio país fuimos testigos de un gran movimiento de Dios por medio de Charles Finney. Este presbiteriano austero fue usado poderosamente por Dios. Siempre que Finney sentía que la presencia de Dios se debilitaba, dejaba todo lo que estuviera haciendo, se iba al bosque y se postraba sobre su rostro delante de Dios hasta que el fuego se reavivaba en su propio corazón. Dios habló alto y claro por medio de Charles F. Finney.

A. B. Simpson vivió un milagro casi todos los días de su vida. Dios habló alto y claro por medio de este evangelista nacido en Canadá, y consiguientemente la obra misionera que comenzó se convirtió en uno de los grandes movimientos misioneros de la historia moderna.

Me entristece admitir que la mayoría de personas, incluyendo a los cristianos, desconocen por completo esta experiencia. Pueden leer los sucesos que acabo de mencionar y aun así no comprender que en ellos se habla de hombres y de mujeres por medio de los cuales Dios habló y no guardó silencio.

Los cuatro ámbitos de la actividad divina

Un análisis de las interacciones entre Dios y su pueblo revela cuatro ámbitos de la historia en los que Él ha actuado.

Primeramente, Dios se ha movido en el corazón humano para salvación. Esta es la gran bendición de Dios: dirigir palabras de redención y de perdón al corazón humano, y ver que esa persona se transforma por el poder de la Palabra de Dios.

Dios también ha obrado maravillosamente para fortalecer y para sanar. Los testimonios de esto son demasiado numerosos y evidentes como para ignorarlos. Por supuesto, no puedo negar que en esta área ha habido falsas afirmaciones de sanidad y charlatanes religiosos, pero tales casos no niegan el hecho de que Dios dirige palabras de sanación maravillosa a los cuerpos de los integrantes de su pueblo.

Dios también habla en medio de las dificultades humanas, ofreciendo palabras de ánimo y de guía. Vivimos en un mundo diametralmente opuesto al camino del cristiano. Dios habla por medio de la Palabra, y la lucha del hombre adopta una nueva dimensión. Vemos una Palabra de Dios que fluye por una vida y toca el camino que sigue el cristiano junto al Señor.

La forma más dramática en que habla Dios se centra en el esfuerzo para salvar el alma. Lo que le interesa a Cristo es ver a hombres y mujeres que se acercan a Él para reconocerle como su Señor y Salvador. Las palabras que hoy día Dios dirige a la Iglesia son palabras de redención; nos transmite su pasión por llevar a hombres y mujeres al punto en que se arrepientan de su pecado y acepten a Jesucristo como su Señor y Salvador.

Sí, Dios habla en nuestro mundo moderno. La mayoría no lo oye, pero quienes perciben ese silbo apacible y delicado de Dios quedan cautivados por la dinámica de esa voz en sus vidas. La voz de Dios llega a todas las facetas de la vida y aporta bendición, ánimo y fortaleza en los momentos de adversidad.

Lamentablemente, incluso muchos cristianos no conocen a Dios en esta área. Su voz guarda un silencio evidente para ellos. Son demasiados los que han sido formados para que no esperen que Dios les responda. La oración se ha convertido en un mero ritual, vacío de todo tipo de expectativa; es algo que hacen porque alguien les ha dicho que deben hacerlo. Están ajenos a esa maravillosa faceta de la oración: la expectativa. Orar sin expectativas supone malentender el propio concepto de la oración y de la relación con Dios: si oro dando por hecho que el Señor *calla*, mis oraciones no tienen ningún valor.

La pregunta que planteo es esta: *¿Disfrutamos las promesas de la Palabra de Dios en esta área?* Pensemos concretamente en estas promesas:

Mas buscad primeramente el reino de Dios y su justicia, y todas estas cosas os serán añadidas (Mt. 6:33).

Si permanecéis en mí, y mis palabras permanecen en vosotros, pedid todo lo que queréis, y os será hecho (Jn. 15:7).

He aquí, yo estoy a la puerta y llamo; si alguno oye mi voz y abre la puerta, entraré a él, y cenaré con él, y él conmigo (Ap. 3:20).

Pero recibiréis poder, cuando haya venido sobre vosotros el Espíritu Santo, y me seréis testigos en Jerusalén, en toda Judea, en Samaria, y hasta lo último de la tierra (Hch. 1:8).

Si alguno viere a su hermano cometer pecado que no sea de muerte, pedirá, y Dios le dará vida; esto es para los que cometen pecado que no sea de muerte. Hay pecado de muerte, por el cual yo no digo que se pida (1 Jn. 5:16).

La voz de Dios se encarna en sus promesas. Tales promesas no son como las que podría hacer una persona, porque cada una descansa en el poder de Aquel que la hace.

Me resulta sorprendente que los hombres puedan gobernar una iglesia sin todas estas promesas y aparentemente no darse cuenta de lo que se están perdiendo. ¿Cómo puede ser esto? Tenemos ante la vista la enseñanza clara de la Palabra de Dios. Dios habla, no guarda silencio. El misterio que rodea el silencio de Dios es el misterio de la incredulidad. Necesito saber lo que dice Dios y que realmente es Él quien lo dice. Entonces debo creerlo, tanto si lo entiendo como si no. Nunca puedo someter el consejo del Señor al juicio de mi entendimiento.

El mundo incrédulo nos observa para ver cómo respondemos a la voz de Dios. Si realmente creemos lo que decimos creer, esto afectará dramática y dinámicamente nuestra conducta. Si nuestro comportamiento no está en consonancia con nuestra creencia, somos hipócritas, no verdaderos cristianos.

¿Qué nos impide escuchar a Dios?

Retomemos ahora nuestra pregunta inicial: *¿Qué hace que Dios guarde silencio?* La Escritura identifica cuatro cosas que pueden impedirnos escuchar la voz de Dios:

No me trajiste a mí los animales de tus holocaustos, ni a mí me honraste con tus sacrificios; no te hice servir con ofrenda, ni te hice fatigar con incienso (Is. 43:23).

Y no me invocaste a mí, oh Jacob, sino que de mí te cansaste, oh Israel (Is. 43:22).

Y no hizo allí muchos milagros, a causa de la incredulidad de ellos (Mt. 13:58).

He aquí que no se ha acortado la mano de Jehová para salvar, ni se ha agravado su oído para oír; pero vuestras iniquidades han hecho división entre vosotros y vuestro Dios, y vuestros pecados han hecho ocultar de vosotros su rostro para no oír (Is. 59:1-2).

Nuestro pecado, nuestra incredulidad y nuestro descuido de la oración y de la adoración pueden impedirnos escuchar la voz de Dios. Pero volvamos a la pregunta: *¿Dios guarda silencio?* La respuesta es muy clara: no. Lo establecido en el Nuevo Testamento nunca se ha derogado; quien afirme que no es así debe demostrar su tesis, y eso es imposible. Dios sigue hablando por medio de su Palabra a su pueblo, como lo ha hecho siempre.

Dios, habiendo hablado muchas veces y de muchas maneras en otro tiempo a los padres por los profetas, en estos postreros días nos ha hablado por el Hijo, a quien constituyó heredero de todo, y por quien asimismo hizo el universo (He. 1:1-2).

En realidad, la pregunta no es: *¿Dios guarda silencio?* La pregunta debe ser: *¿Estoy oyendo la voz de Dios?* Si la respuesta es que no, debo buscar remedio. La Escritura nos ha dicho cuál es la solución. El silencio de Dios no es un misterio; el único misterio es por qué los humanos seguimos viviendo sin escuchar la voz de Dios.

Reposa, alma mía
Katharina A. D. von Schleger (n. 1697)

Reposa, alma mía, pues Dios está de tu lado;
la cruz de la tristeza soporta con paciencia;
deja que sea Dios quien otorga y ordena.
En todo cambio verás que Él no ha cambiado.
Reposa, alma mía, pues tu amigo en los cielos
te guía a buen final por doliente sendero.

Reposa, alma mía: tu Dios ha acordado
el guiar tu futuro cual guió tu pasado;
tu paz y confianza que nada ya conmueva;
un día verás luz donde solo hay arcano.
Descansa así, mi alma: viento y olas conocen
la voz que les gobierna para que en paz reposen.

Reposa, alma mía: se acerca ya el momento
en el que eternamente con Jesús estaremos;
habranse ya marchado dudas, dolor y miedo,
Tristeza ya olvidada: gozo de amor perfecto.
Reposa, alma mía: cambio y llanto ya huyeron,
Y a salvo y bendecidos así nos reuniremos.

17

EL PODER DEL ESPÍRITU SANTO EN LA PALABRA DE DIOS

Al buscarte, oh, Dios, he encontrado muchas imitaciones que pretendían ocultarme tu persona y tus obras. El camino está envuelto en la niebla, y las distracciones y los obstáculos me impiden verte con claridad. Te ruego que conozca la obra verdadera de Dios por medio del bendito Espíritu Santo, y que mi corazón esté abierto a la plenitud de su obra en mí. En el nombre de Jesús, amén.

El servicio y el testimonio cristianos son elementos únicos que se hacen efectivos por el poder del Espíritu Santo que obra en nuestras vidas por medio de la Palabra de Dios. Como podemos imaginar, dado que Dios usa estos dos elementos para sus propósitos, el enemigo de nuestra alma se esfuerza por imitarlos.

El único objeto que merece la pena falsificar es el original. Por consiguiente, siempre que encuentro una falsificación busco el original, que no estará muy lejos. El enemigo de Cristo, al realizar esta falsificación espiritual, intenta confundir a las personas y alejarlas del camino verdadero que conduce a Dios.

Entonces planteo la pregunta: *¿Qué es realmente lo que hace que mi servicio para el Señor y mi testimonio de su gracia sean poderosos y eficaces?* Comprender esto supone descubrir el máximo secreto de vivir la vida cristiana en la cultura contemporánea. Nuestra vida debe recibir una influencia interna, no externa.

Esta es una de las críticas que hago a los cristianos contemporáneos. Están más influidos por las cosas externas que por la obra interna del Espíritu Santo. El Espíritu Santo siempre obra de dentro afuera, no a la inversa. Cuando permito que la Palabra de Dios empape mi corazón hasta lo más hondo, el Espíritu Santo empieza a trabajar en mi ser interior, y eso da pie a que el ministerio y el testimonio fluyan hacia fuera, afectando al mundo que me rodea.

¿Cómo sucede esto? Examinemos dos elementos de la obra del Espíritu Santo sobre la vida del individuo.

La penetración moral

El primer elemento de la obra del Espíritu es lo que llamo "penetración moral" (ver Jn. 16:7-11). Si mi servicio y mi testimonio cristianos han de ser eficaces, deben penetrar en lo más hondo de la moral de una persona.

El efecto que tiene esto es captar y cautivar el interés del alma. Este es el principio de nuestro servicio y testimonio. Las personas a las que ministramos deben ser alcanzadas en esta área de sus vidas. No son muchos los que se interesan por las cosas espirituales. Después de todo, la atención por los temas espirituales exige una consagración, además del compromiso. Si quiero que mi testimonio cristiano sea eficaz, debe llegar a lo más hondo del alma de la persona a la que doy testimonio.

En última instancia, esta obra conduce a una justicia que no se puede alcanzar a través de las vías humanas normales, una justicia que trasciende el mero esfuerzo humano. Se trata de un proceso delicado; la persona no debe desanimarse en su búsqueda de la justicia y, sin embargo, se la debe llevar al punto en que entienda que la justicia que busca no se puede alcanzar por canales humanos.

El Espíritu Santo nos usa para avivar la conciencia de la persona a la que ministramos. Una treta del enemigo consiste en afectar hasta tal punto la conciencia de una persona que aquella deje de funcionar. En realidad, está muerta, sencillamente. La obra del Espíritu Santo consiste en tocar esa conciencia y darle nueva vida. En lo profundo del alma humana se encuentra esa conciencia adormecida, y el Espíritu Santo quiere tocarla y darle vida.

Por supuesto, el efecto de esto sería el de aterrorizar el corazón. "Al oír esto, se compungieron de corazón, y dijeron a Pedro y a los otros apóstoles: Varones hermanos, ¿qué haremos?" (Hch. 2:37).

Esta es la obra de convicción en el corazón de un hombre. La convicción es la cruda realidad de mi estado moral tal como lo ve Dios. El enemigo ha estado muy ocupado, al menos durante esta generación, para inmunizar a las personas de tal modo que no les horrorice su estado; o, como dicen las Escrituras, "que su corazón no se atribule". Hollywood no ha dejado de hacer películas que fortifican el corazón humano frente a ese temor. Por consiguiente, es casi imposible aterrar al público estadounidense.

La convicción es necesaria para la verdadera conversión; nadie puede salvarse sin ella. Lo que Dios quiere hacer en la vida de una persona tiene que ver con esta obra de convicción por medio del poder del Espíritu Santo y de la Palabra de Dios. La obra inicial del Espíritu Santo consiste en llegar hasta el área moral del corazón humano.

El objetivo de esa obra es señalar qué es el pecado. Consiste en identificar y clarificar el pecado desde el punto de vista de Dios. En el mundo, la gente se ha deshecho del pecado, o al menos lo han convertido en algo que ya a nadie le da miedo. Consiste, simplemente, en hacer lo que uno quiera y divertirse haciéndolo. Después de todo, nadie es perfecto.

Esta es la idea central: debe existir una penetración moral en la vida de una persona por medio de los elementos del servicio y el testimonio cristianos. Solo el Espíritu Santo, obrando por medio de un cristiano profundamente comprometido con la Palabra de Dios, puede hacer esto.

La revelación espiritual

Pisándole los talones a la penetración moral encontramos el segundo elemento de la obra del Espíritu Santo: la revelación espiritual.

> Y reposará sobre él el Espíritu de Jehová; espíritu de sabiduría y de inteligencia, espíritu de consejo y de poder, espíritu de conocimiento y de temor de Jehová (Is. 11:2).

> Pero cuando venga el Consolador, a quien yo enviaré del Padre, el Espíritu de verdad, el cual procede del Padre, él dará testimonio acerca de mí (Jn. 15:26).

> Pero cuando venga el Espíritu de verdad, él os guiará a toda la verdad; porque no hablará por su propia cuenta, sino que hablará todo lo que oyere, y os hará saber las cosas que habrán de venir. Él me glorificará; porque tomará de lo mío, y os lo hará saber. Todo lo que tiene el Padre es mío; por eso dije que tomará de lo mío, y os lo hará saber (Jn. 16:13-15).

Aquí tenemos la lógica solemne de todo esto: nadie puede ser salvo hasta que crea en el Hijo eterno, y nadie puede creer en el Hijo eterno sino por medio del Espíritu Santo. El gran misterio de la obra del Espíritu Santo es que opte por hacer esta obra por medio de cristianos comprometidos:

Por tanto, os hago saber que nadie que hable por el Espíritu de Dios llama anatema a Jesús; y nadie puede llamar a Jesús Señor, sino por el Espíritu Santo (1 Co. 12:3).

El que cree en el Hijo de Dios, tiene el testimonio en sí mismo; el que no cree a Dios, le ha hecho mentiroso, porque no ha creído en el testimonio que Dios ha dado acerca de su Hijo (1 Jn. 5:10).

Esta es la enseñanza clara de las Escrituras, y no tiene excepciones. Las pruebas pueden ser convincentes para el intelecto, pero nunca permitirán creer al corazón. El objetivo es el corazón humano. Ese corazón debe experimentar una penetración moral y una revelación espiritual. Aparte de ellas, nadie puede experimentar de verdad a Cristo.

El problema del proselitismo

Si la obra del Espíritu Santo no está en el corazón, nos encontramos con el problema de los prosélitos religiosos. Un prosélito es aquel que acepta intelectualmente a Cristo y se vuelve seguidor de la fe cristiana.

Fíjate que he dicho "acepta intelectualmente". Este es el gran peligro del proselitismo. Las personas lo hacen con la mejor de las intenciones, pero es muy peligroso. Se ha convertido en el vehículo por medio del cual Satanás sabotea a las personas en el camino a la vida eterna. Créeme, tu permiso de conducir no ha caducado. Esto forma parte del fraude que ha perfeccionado el enemigo.

¿Cómo funciona el proselitismo religioso?

Convence a las personas para que acepten ciertos paradigmas hermosos y revolucionarios. Los proselitistas pueden ser muy convincentes. Así es como funcionan las sectas.

Ofrecen ciertos puntos de vista positivos y beneficiosos para la humanidad. Algunos de ellos no revisten ningún problema. El problema llega cuando aferran a las personas y las convierten en devotas fanáticas. Esta es la esencia de toda religión y secta falsa en el mundo actual. No tengo duda alguna sobre la sinceridad y la realidad de las sectas.

Esta devoción por las ideas atractivas es uno de los motivos del crecimiento acelerado de las sectas por todo el mundo. Nombra una secta y encontrarás este elemento en su esencia. Lo que me preocupan son las incursiones que ha hecho esto en la iglesia evangélica.

Es el gran intercambio: la sustitución de un valor por otro:

La ausencia de religión por una religión.

El ateísmo por la creencia en la existencia de Dios.

El budismo por el cristianismo.

El catolicismo por el protestantismo.

Al prosélito le convencen para que renuncie a un error para aceptar otro.

Debemos ser conscientes de la inutilidad y el peligro del proselitismo. Ha causado daños inconcebibles en el reino de Dios al impedir que las personas tuvieran una experiencia de conversión genuina, que solo puede darse mediante el Espíritu Santo.

Una conversión imperfecta es más letal que la ausencia de religión. Un puente corto que no llega al otro lado del río es más peligroso que la carencia de puente. El puente corto ofrece una falsa esperanza y oculta el peligro que acecha más adelante. El proselitismo ofrece algo, pero no la imagen completa: la verdad, pero no la verdad absoluta.

Es cierto que una conversión imperfecta puede dar frutos. Fijémonos en el éxito de las sectas en nuestros tiempos. Muchas de ellas hacen buenas obras y tienen buena reputación en su zona. Sin duda, son las maestras del arte de las buenas obras en nuestra cultura.

Puede reformar a una persona. Quizá un alcohólico logre llevar una vida de sobriedad. Se puede hacer mucho para reformar a una persona y ayudarla a superar las dificultades y los problemas de su vida. Esto es digno de alabanza, pero no llega lo bastante lejos.

Una conversión imperfecta también puede refinar la vida de una persona. No tiene nada de malo pulir los bordes irregulares de la vida de una persona, refinándola y dándole un poco de dignidad. No hay nada de malo en ayudar a una persona a desarrollar una actitud positiva. Algunas personas son negativas todo el día, y necesitan un cambio positivo en sus vidas. Sin duda, es mejor ser positivo que negativo, pero no lo es lo suficiente a menos que seamos positivos en las cosas correctas.

También puede dar a una persona un interés nuevo por la vida. La secta llega y se encuentra a una persona cuya vida es terrible y no va a ninguna parte. Contribuye a introducir cambios significativos en su vida, creando un interés que despierta a la persona intelectual y emocionalmente.

Incluso puede conducir al sacrificio. Algunas de las sectas son muy conocidas por sus ofrendas y sus vidas sacrificadas, para vergüenza de la iglesia cristiana contemporánea. El sacrificio es un precio bajo que pagar por una vida plena. El sacrificio consiste en dar algo que tengo a cambio de algo que quiero. Todo el mundo lo hace, todos los días. (Por supuesto, el problema estriba en definir qué es lo que quiero).

Por muy bueno que pueda parecer esto superficialmente, debo señalar que las víctimas acaban más perdidas que al principio. Albergan una esperanza falsa que solo puede conducirlas a un final decepcionante.

¡Ay de vosotros, escribas y fariseos, hipócritas! porque recorréis mar y tierra para hacer un prosélito, y una vez

hecho, le hacéis dos veces más hijo del infierno que vosotros (Mt. 23:15).

El proselitismo llega lejos, pero no lo bastante; de hecho, se
queda peligrosamente corto frente a lo que es necesario hacer en
la vida de una persona. La religión puede reformar la vida de una
persona, pero nunca transformarla. Esa reforma tiene mucho de
positivo, pero no se acerca a la dinámica de transformar la vida
de una persona.

El Espíritu Santo es la única garantía de una vida transformada.

Lo que me preocupa es que la obra eclesial moderna, la obra
misionera, el evangelismo, la publicación y redacción de libros
y de música no son más que proselitismo. Muchas personas
tienen buenas intenciones, pero su ministerio no se eleva por
encima del nivel de mero proselitismo. Pensando que hacen el
bien, en realidad hacen naufragar la fe de muchas personas. No
llegar lo bastante lejos es la tarea más devastadora del proselitismo.

¿Cómo podemos evitarlo? ¿Cómo podemos asegurarnos de
que nuestro trabajo, ministerio y testimonio son más que simple
proselitismo? La respuesta es sencilla: el Espíritu Santo. Las dos
acciones del Espíritu Santo que he escrito aquí, la penetración
moral y la revelación espiritual, garantizan que la obra supere a
lo que hacen los proselitistas.

Nunca podré subrayar lo bastante que estas dos obras son la
obra maestra del Espíritu Santo. Por mucho que lo intentemos,
nunca podremos repetir lo que Él hace. Nuestras vidas deberían
estar dispuestas de tal modo que el Espíritu Santo sea quien
tenga de verdad el mando, haciendo su obra por medio de vidas
consagradas.

Desde mi punto de vista, la iglesia evangélica necesita prestar atención a este punto. La máxima necesidad de la iglesia moderna es sencilla: ser llenos del Espíritu Santo, trabajar en Él y permitir que Él obre por medio de nosotros, usando las Escrituras como su canal, para transformar las vidas que nos rodean.

¡Despierta, mi alma, despierta!
Charles Wesley (1707-1788)

¡Despierta, mi alma, despierta! Deja ya atrás tus temores;
pues el sacrificio cruento ya ha borrado esos horrores:
mi salvación en Dios está,
mi salvación en Dios está.

Grabado en sus palmas mi nombre siempre está;
y el que vive en los cielos por mí intercederá;
su amor que me redime, su sangre que me limpia:
vertida fue por raza cruel,
vertida fue por raza cruel,
abriéndonos de la gracia el vergel.

Cinco heridas cruentas soportó allí en Calvario cruel;
y ante Dios interceden, clamando así por mí:
"¡Perdónale!", es su clamor,
"¡Perdónale!", es su clamor,
"¡Al pecador comprado no dejes perecer!".

El Padre escucha orar a su Ungido el amado.
Me reconcilia con Dios, escucho su perdón;
como hijo oí su voz, no tengo más temor;

Confiado a Él me acerco hoy,
clamando "Abba, Padre" estoy,
clamando "Abba, Padre" estoy.

Con Dios reconciliado, escucho su perdón;
me acepta como hijo, echando ya el temor:
confiado a Él me acerco hoy,
confiado a Él me acerco hoy,
clamando "Abba, Padre" estoy.

18

FIRMES EN SU PROMESA

*Te amo, porque puedo confiar en que siempre guardarás
tu Palabra. A mi alrededor están quienes no cumplen sus
promesas por uno u otro motivo. En determinado momento
todo el mundo que ha decepcionado, pero Tú, oh, Cristo, nunca
lo has hecho. Has cumplido lo que prometías, y tu Palabra
ha sido buena para mí. Quiero comprometerme este día y
entregar mi corazón, mi mente y mi vida a las promesas que
han fluido hasta mi corazón. En el nombre de Jesús, amén.*

Tengo buenas noticias de parte de Dios. Son como un bálsamo
para el alma. Son mejores que las noticias de un país lejano,
mejor que las noticias que puedas escuchar o leer sobre lo que
sucede hoy en el mundo. Nos llegan mediante el Espíritu Santo
y son para nosotros.

El propósito del Espíritu es confirmar al cristiano en su fe.
El Espíritu Santo nos dice: *La fe de Cristo es digna de tu confianza
completa. Es digna de tu lealtad y de tu compromiso total.* Nos dice que
esta fe de Jesucristo descansa en el carácter de Dios. Me gustaría subrayar que nuestra esperanza cristiana descansa sobre el
carácter del Dios trino. Somos salvos mediante un nuevo pacto.

¡Si los cristianos pudieran recordar siempre que formamos
parte de un pacto! Somos firmantes de un pacto, como aquellos que en Escocia hace años adoptaron el nombre de *covenan-
ters*, "los del pacto", salvados mediante el nuevo pacto. Dios ha
hecho un trato con nosotros por su libre voluntad. Un cristiano

es cristiano, y sigue siéndolo, porque existe un vínculo entre las Personas de la deidad y el creyente. Dios nos garantiza su buena voluntad inacabable.

El salmo 89 describe el pacto que establece Dios con su pueblo. Se refiere a David, pero lo trasciende. Habla del Hijo mayor de David, su heredero, Jesucristo el Señor.

En este salmo hallamos afirmaciones que Dios hace sobre David, sus descendientes y su pueblo, y son casi incondicionales. Dios nunca hace promesas incondicionales, pero estas son las que más se acercan a serlo.

> Para siempre le conservaré mi misericordia, y mi pacto será firme con él... No olvidaré mi pacto, ni mudaré lo que ha salido de mis labios (Sal. 89:28, 34).

Déjame recordarte que estas promesas tienen valor siempre que podamos establecer el hecho de que quien las hizo es digno. Una promesa por sí sola no es nada; su valor depende del carácter de quien la hace.

Si haces una promesa que no podrás cumplir, o que no tienes intención de cumplir, no sirve de nada ni tiene valor. Si haces una promesa con intención de cumplirla y lo consigues, es una buena promesa, porque descansa sobre un buen carácter. Por consiguiente, todas las promesas de Dios descansan sobre el carácter de Dios.

Por eso no dejo de enseñar y de insistir en que deberíamos saber qué tipo de dios es nuestro Dios. Hemos de conocer al Dios tras la promesa. Debemos escudriñar las Escrituras y aprender quién es este Dios con el que tratamos, de modo que nuestra fe surja de forma normal y natural. Si conocemos a Dios, cuando escuchemos una promesa que Él ha hecho sabremos que esa promesa es totalmente digna de confianza, porque el Dios que la hizo lo es.

Las promesas humanas fracasan

Hay diversos motivos por los que una promesa se puede incumplir o malograr. Permíteme que te indique unos cuantos.

A veces, la persona que hace el pacto no tiene intención de cumplirlo. En tales casos, la promesa queda en nada por la duplicidad de quien la hizo. No pretende cumplir la promesa; solo la hace para conseguir algo. En cuanto lo ha conseguido, la incumple. Cuando hablamos de Dios, no hace falta que diga que esto no podría pasar jamás.

Otro motivo por el que los pactos a veces se estropean es que a quien lo hizo le resulta imposible cumplirlo. Un hombre hace una promesa, pero entonces las cosas le van mal social, intelectual o económicamente, incapacitándole para cumplir su promesa. Este hombre fracasa por ignorancia. No conocía sus circunstancias. Sobreestimó su capacidad y, por ese motivo, incumple la promesa. Su intención era buena, quería hacer lo que prometió, pero luego no pudo hacerlo.

Un pacto también puede fracasar porque la persona que lo hizo cambia luego de opinión y lo cancela. Por lo tanto, la promesa fracasa debido a la inconstancia de quien la hizo. Quizá se lo pensó dos veces o sintió remordimientos.

En ocasiones, las circunstancias cambian un poco, y las personas se ven incapaces de cumplir las promesas hechas, en cuyo caso estas fracasan debido a la debilidad de quien prometió, como resultado de unas circunstancias que esa persona no puede controlar. O quizá una persona promete algo pero luego fallece, de modo que la incumple debido a su muerte. Antes de poder cumplir lo que prometió, la muerte llama a su puerta.

Estas son las razones básicas por las que se hacen pactos y por los que se incumplen; por qué los pactos entre los hombres o entre las naciones a veces fracasan violentamente. A diferencia de las promesas de los hombres, el pacto de Dios no puede fracasar, y se nos dice por qué.

Las promesas de Dios son firmes

Entre los hombres, un juramento es una apelación a algo superior. Por ejemplo, cuando un hombre se presenta delante de un tribunal y declara que dirá la verdad, toda la verdad y nada más que la verdad, añade: "con la ayuda de Dios". Esto se considera un juramento. Después de todo, si miente será perjuro, porque ha invocado a alguien superior a sí mismo para que sea testigo de que dice la verdad.

Los hombres conocen sus incapacidades; en concreto, en este caso, su tendencia a mentir. Hasta que usted se hace cristiano y renuncia al mal, la mentira es una técnica muy cómoda para moverse por el mundo.

Los hombres lo saben, de modo que no están dispuestos a permitir que uno de los suyos se ponga en pie y diga: "Este es el camino".

En lugar de eso, lo atan mediante juramento, diciendo: "Primero levanta la mano, pon la otra en la Biblia, y promete delante de este juez y de todo este tribunal que dirás la verdad, y luego llama a Dios como testigo de que no mentirás".

Esto es bastante gracioso; creo que en el infierno alguno se reirá cada vez que un hombre se planta delante de un tribunal y dice: "Prometo ante Dios que no mentiré". *¿Por qué no estabas dispuesto a decir la verdad ya de entrada?* Esta es la pregunta que me gustaría formular. Siempre me molesta que un hombre tenga que apelar a algo superior a sí mismo para confirmar que dice la verdad.

Dios quiso humillarse y hacer las cosas a nuestra manera, de modo que hizo una promesa a Abram (ver Gn. 15). Pero ¿a quién podía invocar para confirmar sus palabras? No podía apelar a un arcángel. Tenía que apelar a algo o alguien superior, pero, al mirar a su alrededor, como es lógico, no había nada superior a Él. De modo que Dios hizo un juramento (ver He. 6:17-20), pero solo pudo hacerlo por sí mismo.

Esto lo hizo por los herederos de la promesa. Le decimos a Dios: "Señor, ¿qué garantía nos das de que la muerte de Cristo por nosotros es válida? ¿Qué garantía tenemos de que la sangre de Cristo nos asegura la salvación? ¿Qué certeza tenemos de que tu amor por nosotros es inmutable? ¿Qué seguridad nos das, oh, Dios, de que nuestra fe en tus promesas está segura?".

Dios contesta: "No tengo a nadie superior a mí a quien invocar. No puedo levantar la mano y llamar a alguien más grande que yo, porque no existe, de modo que juro por mí mismo que haré estas cosas". Este es un juramento de confirmación.

Como pasa con cualquier promesa, el valor de un juramento depende por completo del carácter de aquel que lo hizo. Muchos hombres hacen un juramento y luego se sientan ante el juez y mienten, porque no tienen el carácter necesario para cumplirlo. No solo mentirá en esa situación, sino en todo momento, porque no tiene carácter.

Como Dios es quien es, podemos confiar en Él plenamente. Nuestra esperanza de salvación, perdón, paz en la muerte y alegría en la vida venidera no dependen de cómo nos sintamos ahora. Si alguna de estas cosas dependiera del modo en que nos sentimos esta mañana, más nos valdría hacer las maletas y dirigirnos al infierno, porque no nos sentimos celestiales; nuestro ánimo se ve afectado por los cambios climatológicos, el trabajo duro y otros factores.

Nuestro pacto, nuestra esperanza, no depende de nuestros sentimientos. Depende de algo más, que es muy superior. Depende de si Dios tiene o no razón. Depende de si podemos fiarnos de Dios para que cumpla las promesas que hace. Depende de si es capaz de cumplir sus promesas y guardar su pacto. Esta es la pregunta definitiva.

Lo que sabemos de Dios

Pensemos en lo que sabemos de Dios. La santidad es uno de los atributos divinos. Como Dios es santo, no puede mentir. Podemos confiar en la inmutabilidad del pacto de Dios porque es imposible que Él mienta. A pesar de su omnipotencia, hay algunas cosas que Dios no puede hacer. Dios no puede mentir, porque es santo. Para mentir, tendría que violar su santidad. Dios no puede hacer esto y, por consiguiente, no puede mentir.

"Dado que Dios no puede mentir", pregunta alguien, "¿quiere decir que no es omnipotente?". La respuesta es que la omnipotencia no es la capacidad de hacerlo todo, sino la de hacer todo lo que uno desea hacer. Dios no desea mentir, no desea engañar; no desea jugar sucio con su pueblo. Dios quiere ser fiel a sus hijos, y dado que Él es santo, ellos están seguros.

Dios es perfecto en su sabiduría. Como nuestro propio entendimiento es tan limitado, imaginamos que Dios podría concebir una estratagema para redimir a los hombres, de tal modo que algunos de ellos estuvieran de acuerdo con lo que dice, le aceptaran y creyeran en su Hijo y, de repente, descubrieran que Dios no podía cumplir lo prometido porque no había calculado bien. Pero esto no es posible.

Dios sabe todo lo que se puede saber. Cuando hace una promesa, puede cumplirla, debido a quien es. Es perfecto en su sabiduría, y conoce todos los detalles, el fin desde el principio.

Si Dios no fuera omnipotente, no podría garantizar su capacidad de mantener su pacto conmigo. Si Dios no fuera omnipotente, no podría estar seguro de ser salvo. Pensaría que lo soy, pero cuando Dios llegase a un punto en que hubiera alguien más fuerte que Él, yo estaría perdido. Sabiendo que "el Señor nuestro Dios Todopoderoso reina" (Ap. 19:6) y sabiendo que su omnipotencia significa que puede hacer todo lo que desea, no dudo en absoluto de mi salvación, porque estoy en los brazos del Dios omnipotente que ha jurado salvarme.

Supongamos que Dios tuviera la costumbre de cambiar de idea. He conocido a personas que siempre estaban empezando un proyecto nuevo, y que luego cambiaban de idea. Un día los veía y tenían las mejillas coloradas de pura emoción. Apenas si comían por dedicarle tiempo a hablar, a contarme cosas sobre su nuevo proyecto. Yo les estrechaba la mano y les deseaba lo mejor. Cuando volvía a verlos dos años después y les preguntaba por aquella gran obra que empezaron, me decían: "¡Ah! ¿Aquello? No resultó".

Dios es inmutable. Cuando promete algo, guardará esa promesa. Nos ha asegurado que seremos bendecidos para siempre; que su misericordia siempre estará con nosotros, y que no pereceremos, sino que Él nos guardará. Dios, el inmutable, no cambia de idea respecto a estas cosas... ni a ninguna otra.

Salvados por un pacto

A veces, los pactos humanos fracasan debido a la muerte del prometedor. Una persona hace una promesa con toda la intención de cumplirla, pero entonces se lleva las manos al pecho y se desploma. La llevan al hospital y, al cabo de pocos días, ya ha fallecido. Su intención era buena. Era lo bastante sabio como para hacer lo que prometió, y lo bastante bueno como para querer hacerlo, pero no vivió lo suficiente. El pacto que nos vincula a ti y a mí, a diferencia de las promesas hechas por mortales, lo hace y perpetúa el Dios eterno.

Dios no incumple una promesa por cesación o discontinuidad. Dios, el Dios eterno, siempre vive y, como Él vive, nosotros vivimos. Vivimos mientras Él viva. ¿No es un pensamiento tremendo, hermanos? ¿No es un pensamiento tremendo, maravilloso y asombroso?

Viviremos todo el tiempo que viva Dios. No empezamos a existir cuando Dios lo hizo, porque Dios no tuvo comienzo, y nosotros sí. Sin embargo, al seguir adelante, mientras exista Dios, el Dios eterno, mientras Dios pueda decir "Soy y sigo siendo lo que soy", tú y yo, por la gracia de Dios, seguiremos siendo lo que somos, porque somos salvos por medio de un pacto, respaldados por un juramento.

Por lo cual, queriendo Dios mostrar más abundantemente a los herederos de la promesa la inmutabilidad de su consejo, interpuso juramento; para que por dos cosas inmutables, en las cuales es imposible que Dios mienta, tengamos un fortísimo consuelo los que hemos acudido para asirnos de la esperanza puesta delante de nosotros (He. 6:17-18)

Quienes estén familiarizados con el Antiguo Testamento sabrán lo que significa "acudir", que en este sentido se traduciría por "huir en busca de refugio". Israel tenía seis ciudades destinadas a ser refugio. Cuando un hombre mataba accidentalmente a otro, una ley de Israel decía que "el vengador de la sangre" (el hermano, padre o pariente cercano del muerto) podía vengarse del homicida.

Este hombre, sobre quien pesaba la condena, huía con toda la rapidez que le permitían sus piernas, dirigiéndose a la ciudad de refugio más cercana. A veces apenas lograba llegar, con la lengua fuera, jadeando como un perro agotado, y el vengador le pisaba los talones, casi a punto de agarrarlo por el cuello.

Él entraba corriendo, se celebraba el juicio, y se decidía si el hombre era culpable o inocente. Si era inocente, por supuesto, el pariente del difunto no podía vengarse, porque hacerlo sería una nueva transgresión de la ley, y ahora el asesino sería él. Eso era una ciudad de refugio. El hombre de Dios que escribió el libro de Hebreos, siendo judío, conocía bien esas ciudades.

Tanto si el hombre era culpable como si no, tenía derecho a huir a la ciudad de refugio. Si no era culpable, ya se demostraría. Pero incluso si lo era, tenía derecho a acudir a esa ciudad. Si lograba llegar antes de que su perseguidor le diera alcance, estaría a salvo.

El hombre de Dios dice que hemos "huido en busca de refugio", y yo me imagino a mí mismo, con el diablo pisándome los talones, corriendo hacia la cruz de Jesús, corriendo hacia el monte santo del Calvario. Justo cuando llego, jadeante, las puertas se cierran a mis espaldas, y el diablo choca de lleno con ellas y no puede entrar. No puede alcanzarme, porque he hallado refugio y estoy a salvo.

El ancla de nuestra alma

El escritor de Hebreos sigue con una afirmación: "La cual [la esperanza] tenemos como segura y firme ancla del alma, y que penetra hasta dentro del velo" (He. 6:19). Esto supone un cambio repentino de figura literaria. En un versículo nos vemos corriendo hacia una ciudad de refugio para asirnos de esa esperanza, y al siguiente se convierte en un ancla para nuestra alma. Pero da igual; analicemos esta nueva manera de imaginar la seguridad que tenemos en las promesas que Dios nos ha hecho.

Imaginemos un barco, sumido en una tormenta, y a los santos de Dios a bordo de él. Alguien dice: "Lo que veo avecinarse, ese tifón, me hace pensar que vamos a morir todos. El barco se hundirá, porque nos lanzará contra la costa".

Alguien exclama: "¡Miren abajo!", y miran hacia abajo intentando ver el ancla, y aunque está demasiado profunda como para verla, el ancla sujeta la nave a las rocas, y el barco capea el temporal. El ancla está ahí aunque no la veamos. Esto es lo que dijo el Espíritu Santo por medio del hombre de Dios cuyas palabras inspiró. Tenemos un ancla que mantiene al alma firme y a salvo mientras ruge la tormenta. No vemos esa ancla, pero está ahí.

El escritor de Hebreos concluye el sexto capítulo de su epístola diciendo: "que penetra hasta dentro del velo, donde Jesús entró por nosotros como precursor, hecho sumo sacerdote para siempre según el orden de Melquisedec" (vv. 19-20).

¿Qué quiere decir con que el precursor entró por nosotros? Significa que un día estaremos donde Jesús está ahora. Él es el precursor. Él fue primero... por nosotros. Vamos de camino hacia Él, y donde Él está, nosotros también estaremos.

Luego tenemos la última buena noticia: Jesús, nuestro precursor, ancla y refugio, ha sido hecho Sumo Sacerdote para siempre. En la antigüedad, los sumos sacerdotes acababan muriendo, pero este Sumo Sacerdote tiene vida eterna según el orden de Melquisedec.

Por lo tanto, dice el Espíritu, *¡adelante! Sigan creyendo; no se equivocan al acudir a Cristo*. Nuestra esperanza es segura, nuestra consolación es firme, y nuestro precursor ya ha llegado a la meta. El ancla está firme en la roca. En la casa de nuestro Padre todo está bien. Por lo tanto, ¡animémonos! Sigamos la santidad. "A fin de que no os hagáis perezosos, sino imitadores de aquellos que por la fe y la paciencia heredan las promesas" (He. 6:12). Manifiesta diligencia y seguridad plena de la esperanza hasta el final.

El Espíritu Santo nunca exhorta sin haber informado antes. Nunca invita hasta haber expuesto la verdad. Pone ante nuestros ojos un pacto glorioso y eterno sellado por sangre, que Dios ha jurado, y prometido por un Dios que no puede mentir. Entonces dice: *Dado que es cierto, muestren diligencia. Como por parte de Dios todo está bien, todo lo estará también en su lado, con solo que tengan fe, crean y se pongan en sus manos, porque Él es su destino final. Dado que Él está donde está, ustedes van adonde van.*

Eres salvo por un juramento del Dios todopoderoso. Él no podía apelar a un tribunal superior, de modo que apeló a sí mismo y dijo: "De cierto te bendeciré" (He. 6:14). Salvar, salvaré. Cumplir, cumpliré.

Los cristianos deberían ser el pueblo más feliz del mundo. Es extraño que no lo seamos, pero sé por qué es así. El diablo anda tras nosotros. La carne y el mundo, también.

Al luchar con estos tres enemigos, a veces no tenemos tiempo de ser felices. No tenemos tiempo para recordar que estamos tan a salvo en los brazos de Jesús como si llevásemos mil años en el cielo; solo tenemos que creer, seguir adelante y no ofender el reino de Dios al recurrir a los elementos miserables de este mundo. No creo que nadie lo haga, porque estoy convencido para creer cosas mejores de ustedes, mis hermanos, las cosas que acompañan la salvación.

Tenemos una promesa en la que podemos confiar, porque tenemos a un Prometedor que nunca ha fallado y jamás lo hará.

Cuando sopla airada la tempestad
Priscilla J. Owens (1829-1907)

Cuando sopla airada la tempestad,
y tu barca en grave peligro está,
¿tienes tal confianza y seguridad
sin tener un ancla que apoyo da?

Arrecifes hay que marcando van
el sendero triste de muerte cruel.

Donde vidas mil naufragando están
sin tener un ancla ni timonel.

Más segura está mientras rugen más
los furiosos vientos de la maldad,
cuyas iras no romperán jamás
nuestra grande y firme seguridad.

En las negras hondas de la ansiedad
cuando soplan vientos de destrucción,
nuestra barca cruza la inmensidad,
del Señor llevando la protección.

Ancla tenemos que nos dará,
apoyo firme en la tempestad.
En la Roca eterna fija está.
Solo allí tendremos seguridad.

19

UNA INVITACIÓN ABIERTA

¡Oh, Dios, he sido el peor de los hombres! Por lo tanto, permite
que triunfe la gracia sobre el mayor de los pecadores, y haz de
mí el más útil de los hombres. En el nombre de Jesús, amén.

En este libro he intentado delinear con la mayor sencillez posible la dinámica del poder de Dios. Muchos han malentendido en qué consiste este poder divino, incluyendo a personas que vivieron en los tiempos bíblicos. Pedro, hablando sobre ciertas reacciones a los escritos del apóstol Pablo, escribió: "Casi en todas sus epístolas, hablando en ellas de estas cosas; entre las cuales hay algunas difíciles de entender, las cuales los indoctos e inconstantes tuercen, como también las otras Escrituras, para su propia perdición" (2 P. 3:16).

El fundamento del poder de Dios es la Biblia, la Palabra de Dios. Quiero dejar totalmente claro que el propósito de la Biblia no es sustituir a Dios, sino llevarnos ante su presencia manifiesta. Si hemos leído la Biblia y no hemos encontrado al Verbo de vida, no hemos leído la Biblia.

La Biblia no se puede tratar como una obra literaria. La Biblia es el superventas de todos los tiempos y, sin embargo, es el libro menos comprendido y más infravalorado del mundo. La misión de la Palabra de Dios es encontrarnos, identificarnos a nosotros y la época en que vivimos, y mostrarnos qué anda mal con nosotros, además de qué hacemos bien.

La misión de las Escrituras es hallarnos, y cuando la Biblia dice que estamos perdidos, es exquisitamente precisa en su valoración. Estamos perdidos. El mundo está perdido, y no sabemos dónde estamos.

Una invitación abierta

Quiero cerrar este tema haciendo una invitación abierta. Esta invitación tiene que ver con la Biblia y con nuestra relación con ella.

En nuestra clase de escuela dominical, los niños cantan una canción que es mucho más que una canción: "La Biblia, sí, es el libro para mí. Descanso solo en la Palabra de Dios, la Biblia". Afirmo que esto es algo más que una cancioncilla alegre de escuela dominical. Condensa una verdad que tiene una importancia vital para la vida cristiana vibrante. La frase "descanso solo en la Palabra de Dios" es la verdad más importante que podemos conocer.

La Biblia es nuestro estándar. Todo lo que hacemos, pensamos o decimos debe estar en consonancia con la Palabra de Dios. Mark Twain dijo: "Un clásico es un libro que figura en la biblioteca de todo el mundo pero que nadie lee". Me pregunto si podría decirse esto de la Biblia hoy día. Pero la Biblia no es una reliquia que hay que reverenciar; es un libro que hay que vivir, y solo se puede vivir mediante el poder del Espíritu Santo.

Hojea la Biblia del cristiano medio y fíjate en todos los pasajes subrayados. Partiendo de esos pasajes podrías pensar que Dios es un Santa Claus tolerante, blando, moral, muy compasivo pero carente de justicia o de juicio. Esto es así porque normalmente nos centramos en los pasajes que nos gustan, en lugar de en aquellos que nos amenazan.

Un hereje es alguien que elige los pasajes que quiere creer. Si repasas tu Biblia, seleccionando pasajes que te gustan y sin tener en cuenta los que no, podrías encuadrarte entre los herejes. No es que creas una falsa doctrina, pero no prestas atención a toda la Palabra de Dios. Es como alimentarse solo de pasteles. Las tartas no son necesariamente malas, pero para tener una dieta equilibrada debes consumir otras cosas. Lo mismo pasa con la Biblia.

Sin duda, no siempre debemos ser negativos. Algunas personas solamente dicen cosas negativas. La Biblia no es así. La Biblia señala fielmente no solo lo que está mal en nosotros, sino también lo que está bien.

Me temo que los cristianos, movidos por nuestro anhelo de hacer mejor las cosas, a veces pasamos por alto lo correcto. Eso nunca es bueno. Deberíamos admitir lo bueno que tenemos. Dios es fiel para señalar las cosas que hacemos bien y los puntos en los que deberíamos estar confiados mientras caminamos con Él.

Permíteme señalar que no creo que en la religión popular, tal como la conocemos, haya nada de bueno. El pecador anda desencaminado; alguien que actúa como si no existieran pasajes trascendentales de las Escrituras no obra bien.

La Biblia es fiel para poner en perspectiva nuestros tiempos, de modo que Dios pueda emitir un juicio o una aprobación. Una de las maravillosas capacidades de la Palabra de Dios es revelar la naturaleza y el carácter de nuestros tiempos.

Muchos aceptan el concepto falso de que los tiempos cambian. Tenemos coches nuevos, prendas de vestir, casas y tecnologías nuevas. Debido a todo lo que cambia a nuestro alrededor, tenemos la sensación de que vivimos en una "nueva época". La Biblia no sostiene esto. El ser humano, como está caído, es el mismo generación tras generación. El pecado no cambia. Esto ya lo he dicho antes, pero déjame que lo repita: lo que sea nuevo no será cierto, y lo que sea cierto no será nuevo.

La Biblia habla a nuestra época, porque esta se ve muy afectada por la naturaleza del pecado. La misión de la Palabra de

Dios no solo es decirme cuándo acierto, sino también señalar lo que hago mal. Es imposible que haya crecimiento a menos que Dios juzgue las cosas que andan mal en mi vida.

Permitamos que la Palabra obre en nuestras vidas

Aunque no recomiendo una evaluación constante de nuestra vida, sugiero que nos comprometamos con la Palabra de Dios. Dado que la misión de las Sagradas Escrituras es examinarnos y tomarnos el pulso (fijarse en nuestra salud espiritual y afirmar, demostrar, condenar, ordenar, advertir o animar), recomiendo que pasemos bastante tiempo con la Palabra de Dios.

Lo que recomiendo es que dediquemos algo más de tiempo al devocional matutino, quizá más del habitual. Dedica más tiempo a leer y a escudriñar de verdad las Escrituras. Ponte de rodillas y deja a un lado todo lo demás (todas esas notas marginales y demás), y permite que el Espíritu Santo te hable.

Creo que es posible tener demasiadas traducciones de la Biblia. No permitas que el elevado número de versiones te anonade o te desanime. Busca una Biblia sin comentarios y lee la Palabra de Dios. Permite que el Espíritu Santo te hable al corazón por medio de esa Palabra.

A medida que leas, te invito a que hagas ciertas cosas que harían progresar tu relación con Dios. La primera es evaluarte: *¿Hay alguna rebelión en mi corazón?* Según el Antiguo Testamento, la rebelión es tan grave como el pecado de la brujería. Nunca te lo tomes a la ligera. Evalúa a fondo tu corazón: ¿contiene aunque sea una pizca de rebelión? Si encuentras algún rastro, arréglalo con la mayor firmeza posible.

Debemos caminar en la voluntad de Dios. La voluntad de Dios es la salud del universo, la armonía del cielo, la paz del paraíso y la propia salvación. La voluntad de Dios es vida. La voluntad de Dios es todo lo que puede desear un ser moral, y desafiar la voluntad de Dios en cualquier cosa, por pequeña que sea, acarreará consecuencias graves. Recuerda siempre que la voluntad de Dios es la seguridad que tienes.

Conocer la voluntad de Dios y caminar en ella es la máxima expresión de la fortaleza y la seguridad en este mundo en rebeldía contra el Dios todopoderoso. Todas tus oraciones, tu asistencia fiel a la iglesia y tus buenas obras no significarán nada sin tales cosas. No es más que silbar al pasar junto al cementerio, o hablar grandes cosas para ocultar nuestros miedos vergonzosos.

En el Antiguo Testamento, Israel era un pueblo rebelde que ponía su confianza donde no debía, en todas partes menos en Dios y en su voluntad. Conocemos la historia de Israel. Me parece que la iglesia evangélica actual repite los errores cometidos por Israel, además de los que hallamos en los fariseos y saduceos del Nuevo Testamento. Esos líderes religiosos se fiaban del hecho de que conocían la verdad, pero la faceta triste de la historia era que no caminaban en la verdad. Si lo que tú sabes no cambia tu conducta, lo que sabes no es muy importante.

A menudo me he preguntado por qué algunos cristianos siempre están en la iglesia, en la reunión de oración, pidiendo que oren por ellos, leyendo y cargando siempre con sus Biblias, deseosos de ortodoxia, dispuestos a defender la verdad y, sin embargo, son las personas más gruñonas, desagradables, mezquinas y difíciles del mundo. Conocen la verdad y la citan de memoria, pero su forma de vivir no ha cambiado.

Algunas personas son bizcas espirituales. Miran en dos direcciones al mismo tiempo: miran hacia un lado pero caminan hacia el otro. Demasiados cristianos son bizcos espirituales, mentirosos e incrédulos, pero sin embargo son algunas de las personas más piadosas en este mundo de Dios. Insisten en escuchar constantemente charla religiosa, pero sin embargo carecen de humildad.

La humildad es hermosa siempre que se manifiesta, y el orgullo es detestable en todos los casos. Estas personas religiosas siempre quieren oír hablar en terminología religiosa, pero nunca escuchan la voz auténtica de Dios. Creo que esto es irónico.

Evaluando nuestros tiempos

¿Cómo evaluamos nuestros tiempos? Ojalá pudiéramos decir que vivimos un momento de gran avivamiento. Ojalá pudiera dar testimonio y decir que las cosas se presentan bien. Pero cuando comparo la época con la enseñanza clara y directa de la Biblia, no puedo decirlo.

La cristiandad contemporánea prácticamente se ha olvidado de las advertencias que aparecen en las Escrituras. Se ha publicado un libro tras otro sobre la faceta positiva y maravillosa de la cristiandad, pasando por alto lo malo que hay en nosotros. Si yo fuera al médico, y se limitara a darme unas palmaditas en el hombro y decirme que soy una persona maravillosa y que me tengo que tomar las cosas con más optimismo, no creo que quisiera volver a su consulta. Si lo único que pudiera ver en mí fuera lo bueno, y nunca lo que anda mal, ¿qué tipo de médico sería?

Creo que necesitamos saber las cosas buenas que hay en nosotros, pero también creo que hemos de saber lo que la Biblia dice que hay de malo, y entonces hacer algo al respecto. Si queremos evaluarnos con precisión, hemos de conocer ambas caras de la moneda. La cristiandad moderna solo se fija en una de ellas. Hemos de gestionar lo que está mal, y no podrás hacerlo a menos que sepas lo que está mal. La única manera de que podamos discernir lo que hay de malo en nosotros es apelando a la Palabra de Dios: "Descanso solo en la Palabra de Dios".

Oro sinceramente por la iglesia evangélica moderna, para que tengamos la disposición de escuchar todo el consejo de Dios. Una vez nos hayamos comprometido a escuchar la Palabra de Dios, empezaremos a ver las áreas de nuestra vida que requieren un juicio. Las Escrituras afirman enfáticamente que el juicio empieza por la casa de Dios: "Porque es tiempo de que el juicio comience por la casa de Dios; y si primero comienza por nosotros, ¿cuál será el fin de aquellos que no obedecen al evangelio de Dios?" (1 P. 4:17).

La iglesia evangélica estadounidense, durante la última generación, ha cometido pecados suficientes para hacer que el edificio se nos venga encima. No me excluyo de esta evaluación. Como cristianos evangélicos, debemos lidiar con los pecados entre nosotros, tanto los personales como los colectivos. Hemos de regresar a la definición bíblica del pecado. Según la Biblia, el pecado es cualquier rebelión contra Dios.

Me temo que hoy día las cosas nos van demasiado bien. No cuesta mucho ser cristiano. Nos hemos vuelto perezosos y flojos, y hemos producido una generación engreída, rebelde e irónica.

Durante los últimos pocos años, la cristiandad se ha convertido en un espectáculo cuyo objetivo es entretener. Intentamos vencer al mundo en su propio terreno; estamos perdiendo, y no somos conscientes de nuestra derrota.

El clamor de mi corazón es que quiero recuperar a Dios. Quiero que Dios vuelva a nuestros cultos de adoración. Estoy cansado de cultos que no son más que un entretenimiento religioso remozado. Quiero que Dios vuelva a ocupar el centro de lo que hacemos hoy. Para que esto suceda, hemos de evaluarnos y tratar los aspectos de nuestras vidas que no armonizan con la Palabra de Dios.

La doctrina no basta. Ninguna otra generación ha dispuesto de la claridad doctrinal y teológica que tiene esta. Hoy día en el mundo hay más institutos y seminarios bíblicos de los que ha habido a lo largo de toda la historia de la Iglesia. Conocemos la doctrina; podemos citarla. El problema es que nuestra doctrina solo es académica. Nuestra doctrina no es más que un apéndice de nuestro cristianismo. Hoy la gente descubre que en realidad la doctrina no les lleva a Dios, y si no nos conduce a Él, ¿qué valor tiene? Si la doctrina que sostenemos no nos lleva a la presencia de Dios, ¿cómo nos beneficia en realidad?

Quiero formar parte de la Comunidad del Corazón Ardiente. Quiero evaluar mi vida hasta el punto en que erradique todo lo que me impide ir a la presencia manifiesta del Dios todopoderoso. Quiero a Dios en mi vida. Quiero mi vida organizada de tal manera que Dios ocupe el centro.

Te invito a examinar tu propia vida espiritual. ¿Supera el escrutinio de la Biblia?

La elección que debemos tomar todos

¿De qué lado estamos? ¿En el de aquellos que solo quieren tomárselo con calma, o en el de quienes han sido hallados y posicionados proféticamente de modo que saben dónde están? ¿Estamos dispuestos a distanciarnos de las iglesias pobres y muertas, con sus entretenimientos pobres y muertos?

El poder de Dios en nuestra vida nos permite vivir contrariamente a la cultura que nos rodea. Muchas iglesias han permitido que la cultura penetre en ellas y las cambie. Si el mundo se siente a gusto en una iglesia, esta ya no es una iglesia según el Nuevo Testamento.

¿Podemos rogar a Dios y esperar que Él venga a nosotros con una nueva oleada de energía y de poder?

Solo puedo hablar por mí. Estoy dispuesto a recibir el juicio de Dios. No he sido desenfrenadamente rebelde, pero, por otro lado, no he sido todo lo que podría haber sido. He sido descuidado y perezoso. Ruego el juicio de Dios sobre mi vida para que me separe radicalmente de todo lo que le ofende.

Estoy dispuesto a creer que Dios me mostrará su gracia y escuchará mi voz, que está dispuesto a multiplicar siete veces mi testimonio y mis capacidades espirituales, sean cuales fueren, antes de que llegue el fin y vuelva Jesús.

La invitación abierta es esta, sencillamente: *¿te unirás a mí?* ¿Permitirás que la Biblia juzgue radicalmente tu Biblia y te separe de las cosas que ofenden a Dios de tal modo que entres en la presencia manifiesta del Señor?

No son muchos quienes aceptan esta invitación. La Biblia habla del remanente. Creo que, en estos últimos tiempos, solo un remanente de creyentes aceptará este tipo de invitación y seguirá plenamente al Señor Jesucristo.

"No con ejército, ni con fuerza, sino con mi Espíritu, ha dicho Jehová de los ejércitos" (Zac. 4:6).

Salvador, a ti me rindo

Judson W. Van DeVenter (1855-1939)

Salvador, a ti me rindo,
obedezco solo a ti.
Mi guiador, mi fortaleza,
todo encuentro, oh, Cristo, en ti.

Te confiesa su delito
mi contrito corazón.
Oye, Cristo, mi plegaria;
quiero en ti tener perdón.

A tus pies, Señor, entrego
bienes, goces y placer.
Que tu Espíritu me llene,
y de ti sienta el poder.

¡Oh, qué gozo encuentro en Cristo!
¡Cuánta paz a mi alma da!
A su causa me consagro,
y su amor mi amor será.

Yo me rindo a ti, yo me rindo a ti;
mi flaqueza, mis pecados, todo rindo a ti.

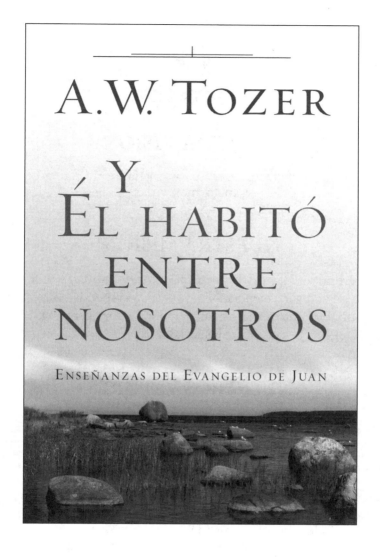

A.W. TOZER

Y ÉL HABITÓ ENTRE NOSOTROS

ENSEÑANZAS DEL EVANGELIO DE JUAN

Para Tozer, el Evangelio de Juan fue su libro de la Biblia favorito, y el enfoque de estos escritos (adaptado sde sermones que predicó a sus feligreses) es la encarnación y su significado en la vida de los creyentes. Ningún otro escritor del Nuevo Testamento, ni siquiera el apóstol Pablo, presenta a Cristo con una pasión igual a la de Juan, a quien Jesús le llamó el Amado. Tozer desafía a los lectores a descubrir un deseo fresco e incontenible por Él.

EDITORIAL
PORTAVOZ

NUESTRA VISIÓN

Maximizar el efecto de recursos cristianos de calidad que transforman vidas.

NUESTRA MISIÓN

Desarrollar y distribuir productos de calidad —con integridad y excelencia—, desde una perspectiva bíblica y confiable, que animen a las personas a conocer y servir a Jesucristo.

NUESTROS VALORES

Nuestros valores se encuentran fundamentados en la Biblia, fuente de toda verdad para hoy y para siempre. Nosotros ponemos en práctica estas verdades bíblicas como fundamento para las decisiones, normas y productos de nuestra compañía.

Valoramos la excelencia y la calidad
Valoramos la integridad y la confianza
Valoramos el mérito y la dignidad de los individuos
  y las relaciones
Valoramos el servicio
Valoramos la administración de los recursos

Para más información acerca de nuestra editorial y los productos que publicamos visite nuestra página en la red: www.portavoz.com